¡Por fin vivos!

LO QUE SIGNIFICA NACER DE NUEVO

ahora se ha escrito, y es mi oración que todos los lectores se regocijen en Dios por la abundante belleza de Cristo Jesús que se expresa en este libro de una manera tan apremiante".

Thabiti Anyabwile,
First Baptist Church, Gran Caimán, Islas de Gran Caimán

"John Piper rescata el término 'nacido de nuevo' de su condición contemporánea de medidor y cliché simplista, y lo reúne con una comprensión bíblica total de su significado. Teológicamente cabal y, al mismo tiempo, cálidamente pastoral y práctico, este importante libro debe ayudar al pueblo de Dios a valorar la extraordinaria condición y responsabilidad de ser 'nacido de nuevo'".

Richard Cunningham,
Universities and Colleges Christian Fellowship (UCCF), Reino Unido

"Regeneración, o nuevo nacimiento, lo cual simplemente significa el nuevo ser a través de Cristo, con, en y bajo Cristo, es un tema muy descuidado hoy día, pero este excelente conjunto de sermones, que remite a datos del Nuevo Testamento con gran precisión, hace mucho para llenar ese vacío. Lo recomiendo encarecidamente".

J. I. Packer,
Regent College, Vancouver, Canadá

"La iglesia evangélica es testigo de un nuevo compromiso con la acción social: las buenas obras para una cultura y un mundo que las necesitan. Si bien es correcto y encomiable por muchas razones, un peligro que existe ahora como ha existido siempre es que 'las buenas obras' suplanten a las 'buenas nuevas'. Necesitamos recordatorios constantes de la verdad de lo que Jesús dijo: 'Porque ¿qué aprovechará al hombre, si ganare todo el mundo, y perdiere su alma?...' (Mt. 16:26). El libro de John Piper titulado *¡Por fin vivos!* es una descripción vivaz y emocionante de la enseñanza de la Biblia sobre lo que significa nacer de nuevo. Las buenas nuevas del evangelio —que por la gracia de Dios, y mediante la fe en Cristo y su muerte expiatoria suficiente, uno puede ser perdonado por completo y nacer de nuevo a otra vida que nunca terminará— es un mensaje que se debe entender, creer, aceptar y proclamar para que ocurra una verdadera transformación de vida. 'Os es necesario nacer de nuevo' (Jn. 3:7) es una 'necesidad' que no podemos correr el riesgo de perder. *¡Por fin vivos!* desvela la verdad, la necesidad y el proceso del nuevo nacimiento de una manera clara y hermosa. Los que sientan curiosidad por la fe cristiana y los que estén profundamente comprometidos con Cristo y sus caminos lean y contemplen la gloria de la única esperanza de todos los pecadores: el milagro del nuevo nacimiento que trae vida nueva en Cristo y que nunca terminará".

Bruce Ware,
The Southern Baptist Theological Seminary, Louisville, Kentucky

"La pregunta *¿He nacido de nuevo?* no puede contestarse precipitadamente. En este libro, Piper elimina nuestra autocomplacencia y argumenta que muchos creen falsamente que son cristianos. Puesto que no hay un asunto más vital, creo que este es el libro más importante que ha escrito Piper".

Adrian Warnock,
blogero

¡Por fin vivos!

LO QUE SIGNIFICA NACER DE NUEVO

JOHN PIPER

Título del original: *Finally Alive* © 2009 por The Desiring God Foundation y publicado por Christian Focus Publications, Ltd., Gran Bretaña y Desiring God, Minneapolis, Estados Unidos. Traducido con permiso.

Edición en castellano: *¡Por fin vivos!* © 2022, 2009 por The Desiring God Foundation y publicado por Editorial Portavoz, filial de Kregel Inc., Grand Rapids, Michigan 49505. Todos los derechos reservados. Publicado anteriormente con el título *Más vivo que nunca*.

Traducción: Mercedes De la Rosa-Sherman

EDITORIAL PORTAVOZ
2450 Oak Industrial Dr. NE
Grand Rapids, Michigan 49505 USA

Visítenos en: www.portavoz.com

ISBN 978-0-8254-5595-7 (rústica)
ISBN 978-0-8254-6399-0 (Kindle)
ISBN 978-0-8254-7002-8 (epub)

1 2 3 4 5 / 30 29 28 27 26 25 24 23 22

Impreso en los Estados Unidos de América
Printed in the United States of America

Contenido

V. ¿CÓMO PODEMOS AYUDAR A OTROS A NACER DE NUEVO?

CONCLUSIÓN

No te maravilles de que te dije: Os es necesario nacer de nuevo. El viento sopla de donde quiere, y oyes su sonido; mas ni sabes de dónde viene, ni a dónde va; así es todo aquel que es nacido del Espíritu.

Juan 3:7-8

Agustín, Lewis, Barna y la Biblia

La declaración de Jesús de que nos es necesario nacer de nuevo (Jn. 3:7) o bien es engañosa o bien es devastadora para el que desea ser capitán de su alma. Pocas realidades bíblicas están mejor concebidas por Dios para revelar nuestra inutilidad ante el pecado. "El viento sopla de donde quiere, y oyes su sonido; mas ni sabes de dónde viene, ni a dónde va; así es todo aquel que es nacido del Espíritu" (Jn. 3:8). Es el Viento, no nosotros, quien finalmente gobierna nuestra alma.

Hay dos historias acerca de la libertad del Espíritu de Dios en el nuevo nacimiento que nos ayudarán a evitar estereotipos superficiales sobre cómo obra Él. San Agustín se convirtió a Cristo en el año 386 d.C., y C. S. Lewis se hizo cristiano en 1931. En ambos casos, sucedió después de una larga lucha con la incredulidad. Sin embargo, la manera en que sopló el Viento con su poder conversor final fue drásticamente distinto para cada uno.

La historia de Agustín

En el caso de Agustín, el ídolo que lo mantenía alejado de Cristo era el sexo. Agustín había cedido a sus pasiones durante los últimos dieciséis años. Se fue de su casa a la edad de 16 años, pero

Mónica, su madre, nunca dejó de orar. En ese momento, tenía casi 32 años. "Comencé a buscar un medio de recuperar la fuerza que necesitaba para disfrutar de Ti [Oh, Señor], pero no pude encontrarlo hasta que acepté al mediador entre Dios y los hombres, Jesucristo".[1]

Después de esto, llegó uno de los días más importantes en la historia de la Iglesia. Era finales de agosto del año 386. Agustín tenía casi 32 años de edad. Se encontraba conversando con Alipio, su mejor amigo, sobre el extraordinario sacrificio y la santidad de Antonio, un monje egipcio. Agustín sentía una punzada de remordimiento por su propio yugo bestial a la lascivia, mientras otros eran libres y santos en Cristo.

> Había un pequeño huerto junto a la casa donde nos hospedábamos… Me sentí impulsado por el tumulto que había en mi pecho a refugiarme en aquel huerto, donde nadie pudiera interrumpir aquella feroz lucha en la cual yo era mi propio contrincante… me sentía fuera de mí, con una locura que me llevaría a la cordura. Estaba muriendo una muerte que me llevaría a la vida… estaba frenético, dominado por una ira violenta conmigo mismo por no aceptar tu voluntad y aceptar tu pacto… me arranqué el cabello y me golpeé la frente con los puños; entrelacé los dedos y me abracé las rodillas.[2]

Pero, Agustín comenzó a ver con más claridad que la ganancia era mucho mayor que la pérdida y, por un milagro de la gracia, pudo visualizar la belleza de la castidad en la presencia de Cristo. La batalla se redujo a la hermosura de la continencia en comunión con Cristo contra las "nimiedades" que le desgarraban la carne.

> Me tiré debajo de una higuera y di paso a las lágrimas que me corrían de los ojos… De pronto escuché la voz cantante

---

1. Aurelius Augustine, *Confessions* [*Confesiones*], 152 (VII, 18).
2. *Ibíd.*, 170-171 (VIII, 8).

de un niño en una casa cercana. No sé si era la voz de un niño o una niña, pero una y otra vez repetía el estribillo: "Tómalo y léelo, tómalo y léelo".[3]

Así que me apresuré a volver al lugar donde estaba Alipio sentado… tomé [el libro de las epístolas de Pablo] y lo abrí, y en silencio leí el primer pasaje sobre el cual me cayó la mirada: "Andemos como de día, honestamente; no en glotonerías y borracheras, no en lujurias y lascivias, no en contiendas y envidia; sino vestíos del Señor Jesucristo, y no proveáis para los deseos de la carne" (Ro. 13:13-14). No tenía deseo de leer nada más y no necesitaba hacerlo. Por un instante, cuando llegué al final de la oración, fue como si la luz de la confianza inundara mi corazón, y toda la oscuridad y la duda se dispersaran.[4]

Agustín nació de nuevo. Nunca volvió a sus antiguos caminos. El Viento sopló en un huerto. Sopló con la voz de un niño. Sopló a través de un pasaje de las Escrituras. Y la oscuridad de su corazón se dispersó.

La historia de Lewis

Desde 1925, Lewis había sido miembro de la junta de gobierno de Magdalen College, en Oxford, donde trabajó como profesor de Inglés y Literatura Inglesa. Tal vez se lo conoce mejor como el autor de *Las Crónicas de Narnia*.

Una noche de septiembre de 1931, Lewis habló del cristianismo con J. R. R. Tolkien (autor de *El Señor de los Anillos*) y con Hugo Dyson. Mirando atrás podemos decir que Dios estaba poniendo las cosas en su lugar para la conversión que se produciría al día siguiente.

---

3. *Ibíd.*, 177-178 (VIII, 12).
4. *Ibíd.*, 178 (VIII, 12).

Sin embargo, a diferencia de Agustín, la conversión no fue emotiva y no tuvo una lucha abierta. Toda la lucha había pasado ya. Así cuenta él la historia de su viaje salvador al zoológico:

> Sé perfectamente cuándo di el paso final, pero no muy bien cómo. Me sentí impulsado a ir a Whipsnade una mañana soleada. Cuando salimos, no creía que Jesucristo era el Hijo de Dios, y cuando llegamos al zoológico, lo creía. Sin embargo, no pasé el trayecto exactamente pensando. Ni tampoco sentía grandes emociones. Puede que "emotivo" sea tal vez la última palabra que podamos aplicar a algunos de los acontecimientos más importantes. Se pareció más a cuando un hombre, después de un largo sueño, todavía sin moverse en la cama, se da cuenta de que está despierto. Y así fue, como aquel momento en el autobús, ambiguo. ¿Libertad o necesidad? ¿O acaso difieren en su punto máximo?[5]

Ya sea que uno casi se vuelva loco en el momento del nuevo nacimiento o que lo experimente calladamente en un autobús mientras va al zoológico, la realidad es, verdaderamente, estupenda. No hay nada más importante para dos almas humanas que decir de verdad: "Nosotros sabemos que hemos pasado de muerte a vida…" (1 Jn. 3:14). Esa es la realidad de la que trata este libro.

El descrédito del término "nacido de nuevo"

Sin embargo, no todo el mundo hoy siente celo por estimar este milagro por la maravilla que es. Si uno investiga grupos en la Internet, se pueden leer cosas como esta: "Los cristianos nacidos de nuevo son tan propensos a divorciarse como los que no son cristianos". Ron Sider ofrece la misma clase de estadísticas en su libro

---

5. C. S. Lewis, *Surprised by Joy: The Shape of My Early Life* [*Sorprendido por la alegría: el perfil de mis primeros años*] (Nueva York: Harcourt Brace and World Inc., 1955), 237. Publicado en español por editorial Andrés Bello, 1994.

titulado *The Scandal of the Evangelical Conscience: Why Are Christians Living Just Like the Rest of the World?* [El escándalo de la conciencia evangélica: ¿Por qué los cristianos viven igual que el resto del mundo?], (Grand Rapids: Baker, 2005), y Mark Regnerus, en su libro *Forbidden Fruit: Sex and Religion in the Lives of American Teenagers* [El fruto prohibido: Sexo y religión en la vida de los adolescentes estadounidenses], (Oxford University Press, 2007).

Lo que más nos interesa en este libro es la forma en que se usa el término *nacido de nuevo*. Específicamente, el Grupo Barna, que es una firma de investigación cristiana, lo ha usado para informar sus conclusiones. En el informe titulado "Los cristianos nacidos de nuevo son tan propensos a divorciarse como los que no son cristianos", Barna usa la palabra *evangélicos* indistintamente con el término *nacido de nuevo* e informa que:

- Solo el 9% de los evangélicos da el diezmo.

- De 12.000 adolescentes que prometieron esperar hasta casarse para tener relaciones sexuales, el 80% las tuvo fuera del matrimonio en los siguientes siete años.

- El 26% de los evangélicos tradicionales no cree que el sexo antes del matrimonio esté mal.

- Los evangélicos blancos son más propensos que los católicos y que los protestantes en general a objetar tener vecinos negros.[6]

En otras palabras, la iglesia evangélica definida como un todo en los Estados Unidos y en el Occidente en general parece que no es muy distinta del resto del planeta. Va a la iglesia los domingos y tiene una capa de religión, pero esta es básicamente un adita-

---

6. Estadísticas presentadas en Ron Sider, *The Scandal of the Evangelical Conscience* (Grand Rapids, MI: Baker Books, 2005), 18-28.

mento al mismo estilo de vida que vive el mundo, no un poder transformador.

GRAVE ERROR

Quiero decir con toda claridad que cuando el Grupo Barna usa el término *nacido de nuevo* para describir a los estadounidenses que asisten a la iglesia —cuyas vidas no se distinguen de las del mundo, y que pecan tanto como el mundo, y que se sacrifican por los demás tan poco como el mundo, y que aceptan la injusticia tan fácilmente como el mundo, y que codician cosas materiales tanto como el mundo, y que disfrutan de los entretenimientos que ignoran a Dios con tanto entusiasmo como el mundo—, cuando el término *nacido de nuevo* se usa para describir a esos cristianos practicantes, el Grupo Barna comete un grave error. Está usando el término bíblico *nacido de nuevo* de una forma que Jesús y los escritores bíblicos no reconocerían.

A continuación, la forma en que los investigadores definieron el término *nacido de nuevo* en su informe:

> En esta encuesta, "los cristianos nacidos de nuevo (o renacidos)" se definieron como personas que dijeron haber hecho "un compromiso personal con Jesucristo que todavía es importante en su vida hoy" y además indicaron que creen que, cuando mueran, irán al cielo porque confesaron sus pecados y aceptaron a Jesucristo como Salvador. A los encuestados, no se les pidió que se describieran a sí mismos como "nacidos de nuevo". Ser clasificados como "nacidos de nuevo" no depende de la iglesia, afiliación ni participación denominacional.[7]

En otras palabras, en esta investigación, el término *nacido de nuevo* se refiere a personas que *dicen* cosas. Dicen: "Tengo un compro-

---

7. www.barna.org/FlexPage.aspx?Page=BarnaUpdate&BarnaUpdateID=170, en línea, consultado el 5 de mayo del 2008.

miso personal con Jesucristo. Es importante para mí". Dicen: "Creo que voy a ir al cielo cuando muera. He confesado mis pecados y he aceptado a Jesucristo como Salvador". Entonces, el Grupo Barna les toma la palabra, les atribuye la infinitamente importante realidad del nuevo nacimiento y luego difama esa preciada realidad bíblica diciendo que los corazones regenerados no tienen más victoria sobre el pecado que los corazones no regenerados.

El Nuevo Testamento se mueve en la dirección contraria

No estoy diciendo que su investigación sea errónea. Parece ser sorprendentemente correcta. No estoy diciendo que la Iglesia no sea tan mundana como ellos dicen que es. Lo que *sí estoy* diciendo es que los escritores del Nuevo Testamento piensan exactamente en la dirección contraria. En lugar de avanzar desde una profesión de fe hacia la etiqueta *nacido de nuevo*, hacia la mundanalidad de estas personas mal llamadas *nacidas de nuevo*, hacia la conclusión de que el nuevo nacimiento no cambia radicalmente a las personas, el Nuevo Testamento se mueve en otra dirección.

Se mueve desde la absoluta certeza de que el nuevo nacimiento cambia radicalmente a las personas, hacia la observación de que muchos cristianos practicantes en realidad (como dice el Grupo Barna) no han cambiado radicalmente; se mueve hacia la conclusión de que no son nacidos de nuevo. El Nuevo Testamento, a diferencia del Grupo Barna, no contamina el nuevo nacimiento con la mundanalidad de los cristianos no regenerados que profesan ser cristianos.

Por ejemplo, uno de los puntos principales de la Primera Epístola de Juan es comunicar esa misma verdad:

- 1 Juan 2:29: "Si sabéis que él es justo, sabed también que todo el que hace justicia es nacido de él".

- 1 Juan 3:9: "Todo aquel que es nacido de Dios, no practica el pecado, porque la simiente de Dios permanece en él; y no puede pecar, porque es nacido de Dios".

- 1 Juan 4:7: "Amados, amémonos unos a otros; porque el amor es de Dios. Todo aquel que ama, es nacido de Dios, y conoce a Dios".

- 1 Juan 5:4: "Porque todo lo que es nacido de Dios vence al mundo; y esta es la victoria que ha vencido al mundo, nuestra fe".

- 1 Juan 5:18: "Sabemos que todo aquel que ha nacido de Dios, no practica el pecado, pues Aquel que fue engendrado por Dios le guarda, y el maligno no le toca".

Volveremos a textos como esos en los capítulos venideros. Hay muchas preguntas que contestar, por eso nos vamos a distanciar llanamente del perfeccionismo y a lidiar de manera realista con los fracasos de los cristianos genuinos.

Pero, por ahora, ¿no es cierto que esas afirmaciones parecen estar escritas teniendo en cuenta las mismas declaraciones del Grupo Barna? ¿No están estos textos dirigidos a la declaración falsa de que los que han nacido de nuevo son moralmente indistinguibles del mundo? La Biblia es por completo consciente de esas personas en la Iglesia. Es una de las razones por las que se escribió 1 Juan. Pero en lugar de seguir al Grupo Barna, la Biblia dice que los resultados de la investigación no demuestran que los cristianos nacidos de nuevo están impregnados de mundanalidad, sino que la Iglesia está impregnada de personas que no han nacido de nuevo.

"Regeneración"

Este libro trata del nuevo nacimiento. ¿Qué enseña la Biblia acerca de esto? Otra palabra que significa nacer de nuevo es *regenera-*

"No exageraría en celebrar la publicación de este libro. Debido, en parte, a varias décadas de polémica sobre la justificación y sobre cómo una persona se reconcilia con Dios, hemos descuidado otro componente del cristianismo, no menos importante. La conversión conforme a los términos del nuevo pacto es más que un asunto de posición y estatus en Cristo: incluye una transformación milagrosa producida por el Espíritu, algo inconmensurablemente mayor que la pura voluntad humana. Es un nuevo nacimiento; nos hace nuevas criaturas; demuestra que el evangelio es poder de Dios para salvación. Toda la ortodoxia de los credos del mundo no la pueden reemplazar. La razón por la cual 'os es necesario nacer de nuevo' es tan importante es que nos es necesario nacer de nuevo".

D. A. Carson,
Trinity Evangelical Divinity School, Deerfield, Illinois

"Muchos darán gracias porque John Piper aborda aquí la necesidad clave de nuestros tiempos. Todo avivamiento comienza con el descubrimiento renovado de la enseñanza de Cristo sobre el nuevo nacimiento. Aquí tenemos esa asombrosa enseñanza, de una forma lúcida y al mismo tiempo amplia; pertinente para los lectores de todo el mundo".

Iain H. Murray

"Cuando era niño, mi abuela me preguntó: '¿Has nacido de nuevo?'. Aunque no entendí lo que quiso decir en ese momento, la pregunta me llevó a la conversión a Cristo. En este maravilloso libro, el pastor John Piper rescata el término 'nacido de nuevo' del abuso y el uso excesivo al cual está sujeto en nuestra cultura de hoy. Esta es una presentación renovada de la doctrina evangélica del nuevo nacimiento, una obra llena de discernimiento teológico y sabiduría pastoral".

Timothy George,
Beeson Divinity School, Samford University, Birmingham, Alabama
y primer redactor de la revista *Christianity Today*

"Expositor y práctico, este amplio panorama de la enseñanza del Nuevo Testamento explora la naturaleza del nuevo nacimiento y la vida que fluye de él. Lleno de renovación y aliento, revela de una manera más profunda la gloria de Cristo y el evangelio, y motiva a renovar el compromiso de vivir estas buenas nuevas y compartirlas con otras personas".

David Jackman,
The Proclamation Trust, Londres, Reino Unido

"La *doctrina* del nuevo nacimiento se ha degradado y se ha ocultado porque muchos 'que profesan ser cristianos' no han experimentado la *realidad* del nuevo nacimiento. La *realidad* del nuevo nacimiento aparentemente apenas se celebra porque muy pocos comprenden la majestuosa *doctrina* del nuevo nacimiento. *¡Por fin vivos!* elimina mucha confusión y da a sus lectores gran motivo de regocijo en la obra salvadora del Padre a través de Jesucristo, su amado Hijo. Nada podría ser más vital que el pueblo de Dios comprendiera qué es la regeneración y sepa cómo es, cómo se siente, a qué sabe; y la desee, hable de ella, ande en ella y piense en ella. Nada podría ser más importante desde el punto de vista eterno para los cristianos que saber lo que la Biblia enseña sobre el nuevo nacimiento y estar seguros de que lo han experimentado. Uno se pregunta por qué se ha tardado tanto en escribir un libro sobre el nuevo nacimiento. Pero ahora se ha escrito, y es mi oración que todos los lectores se regocijen en Dios por la abundante belleza de Cristo Jesús que se expresa en este libro de una manera tan apremiante".

Thabiti Anyabwile,
First Baptist Church, Gran Caimán, Islas de Gran Caimán

"John Piper rescata el término 'nacido de nuevo' de su condición contemporánea de medidor y cliché simplista, y lo reúne con una comprensión bíblica total de su significado. Teológicamente cabal y, al mismo tiempo, cálidamente pastoral y práctico, este importante libro debe ayudar al pueblo de Dios a valorar la extraordinaria condición y responsabilidad de ser 'nacido de nuevo'".

Richard Cunningham,
Universities and Colleges Christian Fellowship (UCCF), Reino Unido

"Regeneración, o nuevo nacimiento, lo cual simplemente significa el nuevo ser a través de Cristo, con, en y bajo Cristo, es un tema muy descuidado hoy día, pero este excelente conjunto de sermones, que remite a datos del Nuevo Testamento con gran precisión, hace mucho para llenar ese vacío. Lo recomiendo encarecidamente".

J. I. Packer,
Regent College, Vancouver, Canadá

"La iglesia evangélica es testigo de un nuevo compromiso con la acción social: las buenas obras para una cultura y un mundo que las necesitan. Si bien es correcto y encomiable por muchas razones, un peligro que existe ahora como ha existido siempre es que 'las buenas obras' suplanten a las 'buenas nuevas'. Necesitamos recordatorios constantes de la verdad de lo que Jesús dijo: 'Porque ¿qué aprovechará al hombre, si ganare todo el mundo, y perdiere su alma?...' (Mt. 16:26). El libro de John Piper titulado *¡Por fin vivos!* es una descripción vivaz y emocionante de la enseñanza de la Biblia sobre lo que significa nacer de nuevo. Las buenas nuevas del evangelio —que por la gracia de Dios, y mediante la fe en Cristo y su muerte expiatoria suficiente, uno puede ser perdonado por completo y nacer de nuevo a otra vida que nunca terminará— es un mensaje que se debe entender, creer, aceptar y proclamar para que ocurra una verdadera transformación de vida. 'Os es necesario nacer de nuevo' (Jn. 3:7) es una 'necesidad' que no podemos correr el riesgo de perder. *¡Por fin vivos!* desvela la verdad, la necesidad y el proceso del nuevo nacimiento de una manera clara y hermosa. Los que sientan curiosidad por la fe cristiana y los que estén profundamente comprometidos con Cristo y sus caminos lean y contemplen la gloria de la única esperanza de todos los pecadores: el milagro del nuevo nacimiento que trae vida nueva en Cristo y que nunca terminará".

Bruce Ware,
The Southern Baptist Theological Seminary, Louisville, Kentucky

"La pregunta *¿He nacido de nuevo?* no puede contestarse precipitadamente. En este libro, Piper elimina nuestra autocomplacencia y argumenta que muchos creen falsamente que son cristianos. Puesto que no hay un asunto más vital, creo que este es el libro más importante que ha escrito Piper".

Adrian Warnock,
blogero

ción. Es bueno usar esa palabra de vez en cuando. Espero que estén dispuestos a agregarla a su vocabulario si no está ahí todavía. Eso incluirá añadir la palabra *regenerar* tanto como verbo (Dios *regenera* a las personas) y como adjetivo (solamente las personas *regeneradas* son salvas). Las personas regeneradas y las personas nacidas de nuevo son la misma cosa. Utilizaré esos términos indistintamente.

<h2 style="text-align:center">La profanación del término
"nacido de nuevo"</h2>

En esta introducción, presentaré un panorama general de a dónde vamos y por qué. Ya puedes ver una de las razones por las que quiero concentrarme en este tema. El término *nacido de nuevo* se profana cuando se usa de la manera en que lo usa el Grupo Barna. Y, por supuesto, ese mal uso en particular del término bíblico no es el único tipo.

El término *nacido de nuevo* ha llegado a significar para muchos simplemente que alguien o algo se ha renovado en la vida. Por tanto, un vistazo rápido a la Internet demuestra que Cisco Systems, la compañía de comunicaciones, ha nacido de nuevo; y el Movimiento Ecológico ha nacido de nuevo; el Davie Shipyard de Montreal ha nacido de nuevo; la zona oeste de Boston ha nacido de nuevo; la comida Kosher para los judíos ortodoxos ha nacido de nuevo; y así sucesivamente. No es de sorprenderse que tengamos que tener cuidado cuando leemos que el 45% de los estadounidenses dicen que han nacido de nuevo religiosamente.

El término *nacido de nuevo* es muy preciado y muy importante en la Biblia. Por eso, nuestra principal preocupación es saber lo que Dios quiere cuando la Biblia usa ese lenguaje, de manera que por su gracia podamos experimentarlo y ayudar a otros a que lo experimenten también. El hecho de que sepamos lo que de verdad significa nacer de nuevo tiene enormes consecuencias.

¿QUÉ NOS PASÓ REALMENTE?

Otra razón para publicar un libro sobre el nuevo nacimiento es ayudar a los seguidores de Cristo a saber lo que realmente nos sucedió cuando fuimos convertidos. Es mucho más glorioso de lo que muchos de nosotros creemos. Es también mucho más glorioso de lo que yo creo que es. Es maravilloso, más allá de toda comprensión humana. Pero ese misterio no es porque haya poco acerca de ello en la Biblia —en ella hay mucho sobre el tema—, sino porque aun cuando comprendamos todo como podemos comprenderlo en esta era en que "vemos por espejo, oscuramente" (1 Co. 13:12), todavía hay más. Por lo tanto, espero que, cuando hayamos terminado, sepamos mejor y con mayor precisión qué nos sucedió cuando nacimos de nuevo.

LO QUE DEBE SUCEDER PARA NACER DE NUEVO

Otra razón para que se le dé este trato al nuevo nacimiento es que hay millones de personas que todavía no siguen a Cristo. No han nacido de nuevo. Es mi oración que Dios use este libro como medio para el nuevo nacimiento. Algunos asisten a la iglesia y son miembros, e incluso líderes. Pero no han nacido de nuevo. Son cristianos culturales. La religión es algo formal y externo. No ha habido un verdadero despertar interior de la muerte espiritual a la vida espiritual.

Deseo servir a esas personas mostrándoles lo que tiene que sucederles. Y por medio de la palabra y las oraciones de los creyentes y del Espíritu de Dios, espero que este libro sea un medio para que muchos nazcan de nuevo. El nuevo nacimiento, como veremos, no es una obra del hombre. No hay ser humano que produzca el nuevo nacimiento. No hay predicador ni escritor que pueda producirlo. Tú no puedes hacer que ocurra por ti mismo. Dios lo hace. Es algo que nos sucede, no que nosotros hacemos.

Sin embargo, siempre llega a través de la palabra de Dios. El apóstol Pedro lo expresó así: "Siendo renacidos, no de simiente corruptible, sino de incorruptible, por la palabra de Dios que vive y permanece para siempre... Y esta es la palabra que por el evangelio os ha sido anunciada" (1 P. 1:23-25). Por tanto, aunque Dios es el que engendra a sus hijos, la simiente por la cual lo hace es la palabra de Dios, el evangelio que nosotros predicamos. Por eso, es mi oración que uno de los grandes efectos de estos capítulos humanos sea el milagro sobrenatural. Mi objetivo es explicar el nuevo nacimiento tan claramente como me sea posible a partir de la Biblia para que los lectores puedan verlo por sí mismos.

Hay tres razones por las que deseo que ustedes, los que son cristianos, sepan lo que les sucedió cuando nacieron de nuevo:

1) Cuando uno de verdad ha nacido de nuevo y crece en la gracia y el conocimiento de lo que el Señor ha hecho por uno, nuestra comunión con Él es dulce, y la seguridad de que es nuestro Padre se profundiza. Deseo eso para ti.

2) Si sabes lo que realmente te sucedió en tu nuevo nacimiento, atesorarás a Dios, y a su Espíritu, y a su Hijo y a su Palabra más que nunca. En esto, Cristo será glorificado.

3) En el proceso en que los creyentes descubran lo que realmente les sucedió, la seriedad y la naturaleza sobrenatural de la conversión se elevarán, y eso —es mi oración— será un despertar más general de autenticidad en la Iglesia cristiana para que la hipocresía religiosa disminuya, y el mundo vea verdadero amor, sacrificio y coraje en el servicio de Cristo.

PREGUNTAS CRUCIALES ACERCA DEL
NUEVO NACIMIENTO

Haremos varias preguntas cruciales. Una es: *¿Qué es el nuevo nacimiento?* Es decir, ¿qué sucede realmente? ¿Cómo es? ¿Qué cambia? ¿Qué hay ahora que no había antes?

En las siguientes páginas, intentaremos explicar cómo el nuevo nacimiento se relaciona con otras cosas que Dios hace para salvarnos. Por ejemplo, cómo se relaciona nacer de nuevo con:

- El llamamiento efectivo de Dios ("y a los que llamó, a estos también justificó...", Ro. 8:30);

- La nueva creación ("De modo que si alguno está en Cristo, nueva criatura es...", 2 Co. 5:17);

- Que Dios nos lleve a Cristo ("Ninguno puede venir a mí, si el Padre que me envió no le trajere...", Jn. 6:44);

- Que Dios dé personas a su Hijo ("Todo lo que el Padre me da, vendrá a mí...", Jn. 6:37);

- Que Dios abra nuestros corazones ("y el Señor abrió el corazón de ella para que estuviese atenta a lo que Pablo decía", Hch. 16:14);

- Que Dios ilumine nuestros corazones ("Porque Dios... resplandeció en nuestros corazones, para iluminación del conocimiento de la gloria de Dios en la faz de Jesucristo", 2 Co. 4:6);

- Que Dios saque nuestro corazón de piedra y nos dé un corazón de carne ("y quitaré de vuestra carne el corazón de piedra, y os daré un corazón de carne", Ez. 36:26);

- Que Dios nos dé vida ("aun estando nosotros muertos en pecados, [Dios] nos dio vida juntamente con Cristo...", Ef. 2:5);

- Que Dios nos adopte en su familia ("habéis recibido el espíritu de adopción, por el cual clamamos: ¡Abba, Padre!", Ro. 8:15).

¿Cómo se relaciona el acto de la regeneración de Dios con todas esas formas maravillosas de describir lo que nos sucedió cuando Él nos salvó?

Otra pregunta que vamos a hacer es: *¿Por qué es necesario el nuevo nacimiento?* Jesús dijo a Nicodemo en Juan 3:7: "Os es necesario nacer de nuevo". No dijo "Os sugiero" ni "Vuestra vida podría mejorar si añadiérais esta experiencia". ¿Por qué "el que no naciere de nuevo, no puede ver el reino de Dios" (Jn. 3:3)? Esa es una de las grandes razones para querer conocer el verdadero nacimiento. Hasta que nos demos cuenta de que tenemos que nacer de nuevo, y por qué tenemos que nacer de nuevo, probablemente no comprendamos cuál es nuestra condición sin la salvación.

La mayoría de las personas no sabe lo que anda mal en ellos. Una manera de ayudarlos a hacer un diagnóstico verdadero y terrible es mostrándoles la clase de remedio que Dios ha proporcionado, es decir, el nuevo nacimiento. Si tienes una llaga en el tobillo, y después que el médico hace una prueba viene y te dice: "Tengo malas noticias: tenemos que amputarte la pierna justo debajo de la rodilla", el remedio te dice más acerca de la llaga que muchas palabras médicas eruditas. Lo mismo sucede con el remedio "Os es necesario nacer de nuevo".

Después de *¿Qué?* y *¿Por qué?*, preguntaremos *¿Cómo? ¿Cómo* sucede? ¿Qué hace Dios en la regeneración? ¿Qué hizo Él en la historia para hacerlo posible? Si el nuevo nacimiento es decisivamente la obra de Dios, y lo es, ¿cómo lo experimentamos? ¿Hay algo que pueda producirlo? ¿Qué tengo que hacer yo para que suceda?

Después de *¿Qué?*, *¿Por qué?* y *¿Cómo?*, preguntaremos *¿Para qué?* ¿Cuál es el objetivo del nuevo nacimiento? ¿Qué efectos tiene? ¿Qué cambios se producen en la vida? ¿Cómo es la vida de una persona nacida de nuevo?

Y por último: *¿Qué podemos hacer para ayudar a los demás a nacer de nuevo?* Si Dios es el gran Hacedor en este asunto, ¿qué podemos hacer nosotros? ¿Realmente importa lo que hagamos? Terminaremos con el asunto práctico del evangelismo personal y cómo se relaciona con el nuevo nacimiento.

La gran necesidad y el uso de los medios

Hay mucho en juego cuando se trata de ver el nuevo nacimiento en sus verdaderas proporciones bíblicas. El cielo y la tierra están en juego, y también, una Iglesia en el mundo *ahora* que se comporta más como Jesús y menos como la cultura que la rodea.

Esto nos trae de vuelta a donde comenzamos, la afirmación de que los cristianos nacidos de nuevo tienen estilos de vida de mundanalidad y pecado que no se distinguen de los de las personas no regeneradas. No lo creo. En 1 Juan 5:4 leemos: "Porque todo lo que es nacido de Dios vence al mundo; y esta es la victoria que ha vencido al mundo, nuestra fe". Según mis convicciones, esas no son buenas noticias para la Iglesia. Implican que hay millones de feligreses que no han nacido de nuevo.

No obstante, a pesar de esta convicción, me voy a distanciar del perfeccionismo. En otras palabras, no creo que el nuevo nacimiento nos haga perfectos en esta vida. El pecado permanece, y la lucha de la fe es una necesidad diaria. Algunos incrédulos parecen mejores personas que algunos creyentes. Pero eso se debe a que algunas personas muy malas han nacido de nuevo, y el proceso de transformación no siempre es tan rápido como nos gustaría que fuera.

También es porque hay personas no regeneradas que, por causa de razones genéticas y sociales, se conforman a una moralidad externa mientras son indiferentes u hostiles a Dios en su interior. Él ve perfectamente la línea entre los no regenerados y los regenerados. Nosotros no. Pero esa línea existe, y los que han nacido de nuevo son cambiados, aunque sea lentamente, de un grado de humildad y amor al siguiente.

Esto importa. Importa para la eternidad e importa para la gloria de Cristo en esta vida. Si las personas han de entrar finalmente al reino de Dios (Jn. 3:3), y si la Iglesia ha de dejar que su luz brille en la tierra para que otros den gloria a Dios (Mt. 5:16), entonces hay que experimentar el nuevo nacimiento.

Dios es el gran Hacedor en este milagro de la regeneración y no ha guardado silencio al respecto. Eso significa que no quiere que seamos ignorantes de lo que Él hace en el nuevo nacimiento. Significa que saber lo que Él ha revelado acerca del nuevo nacimiento es bueno para nosotros. Cuando Jesús dijo a Nicodemo: "Os es necesario nacer de nuevo" (Jn. 3:7), no estaba compartiendo información interesante y sin valor. Lo estaba conduciendo a la vida eterna.

Eso es lo que espero que este eco de las palabras de Jesús —este libro— haga. Solamente Dios regenera a los seres humanos. Pero utiliza medios. Que su misericordia permita que este sea uno de ellos. Si lo hace para ti (o si lo ha hecho ya), por fin estás (o estarás) vivo de forma verdadera e insuperable.

Parte I

¿Qué es el nuevo nacimiento?

Había un hombre de los fariseos que se llamaba Nicodemo, un principal entre los judíos. Este vino a Jesús de noche, y le dijo: Rabí, sabemos que has venido de Dios como maestro; porque nadie puede hacer estas señales que tú haces, si no está Dios con él. Respondió Jesús y le dijo: De cierto, de cierto te digo, que el que no naciere de nuevo, no puede ver el reino de Dios. Nicodemo le dijo: ¿Cómo puede un hombre nacer siendo viejo? ¿Puede acaso entrar por segunda vez en el vientre de su madre, y nacer? Respondió Jesús y le dijo: De cierto, de cierto te digo, que el que no naciere de nuevo, no puede ver el reino de Dios. Lo que es nacido de la carne, carne es; y lo que es nacido del Espíritu, espíritu es. No te maravilles de que te dije: Os es necesario nacer de nuevo. El viento sopla de donde quiere, y oyes su sonido; mas ni sabes de dónde viene, ni a dónde va; así es todo aquel que es nacido del Espíritu. Respondió Nicodemo y le dijo: ¿Cómo puede hacerse esto? Respondió Jesús y le dijo: ¿Eres tú maestro de Israel, y no sabes esto?

Juan 3:1-10

1

La creación sobrenatural
de la vida espiritual

Jesús dijo a Nicodemo en Juan 3:3: "De cierto, de cierto te digo, que el que no naciere de nuevo, no puede ver el reino de Dios". Nos estaba hablando a todos nosotros cuando dijo eso. Nicodemo no era un caso especial. Tú y yo hemos de nacer de nuevo, de lo contrario, no veremos el reino de Dios. Eso significa que no seremos salvos; no formaremos parte de la familia de Dios y no iremos al cielo. Vamos a ir al infierno si no nacemos de nuevo. Eso es lo que Jesús dice después en este capítulo sobre la persona que no cree en Cristo: "...la ira de Dios está sobre él" (Jn. 3:36). No es ningún chiste. Jesús usa palabras duras para realidades duras. Esto es lo que hace el amor. Lo contrario se llama consentimiento.

Nicodemo era uno de los fariseos, los líderes judíos más religiosos. Jesús les dijo en Mateo 23:15 y 33: "¡Ay de vosotros, escribas y fariseos, hipócritas! porque recorréis mar y tierra para hacer un prosélito, y una vez hecho, le hacéis dos veces más hijo del infierno que vosotros... ¡Serpientes, generación de víboras! ¿Cómo escaparéis de la condenación del infierno?". Por lo tanto, el tema del nuevo nacimiento no es poca cosa. Es central. La eternidad está en juego cuando hablamos del nuevo nacimiento. A menos que uno nazca de nuevo, no podrá ver el reino de Dios.

El nuevo nacimiento es perturbador

La pregunta que estamos haciendo en este capítulo es: *¿Qué sucede en el nuevo nacimiento?* Antes de tratar de contestar, permítanme mencionar una gran inquietud que tengo acerca de la forma en que se leerán estos capítulos. Soy consciente de que estas páginas serán perturbadoras para muchos, así como lo son las palabras de Jesús una y otra vez si las tomamos en serio. Hay al menos tres razones para ello.

En primer lugar, la enseñanza de Cristo acerca del nuevo nacimiento nos confronta con nuestra irremediable condición espiritual, moral y legal, separados de la gracia regeneradora de Dios. Antes de que nos suceda el nuevo nacimiento, estamos *espiritualmente* muertos; somos *moralmente* egoístas y rebeldes; y somos *legalmente* culpables ante la ley de Dios; estamos bajo su ira. Cuando Jesús nos dice que nos es necesario nacer de nuevo, nos está diciendo que nuestra condición actual es irremediablemente insensible, corrupta y culpable. Porque no tenemos su asombrosa gracia en nuestra vida, no nos gusta escuchar esa evaluación de nosotros, por lo cual nos perturba lo que Jesús nos dice sobre la necesidad de nacer de nuevo.

En segundo lugar, la enseñanza acerca del nuevo nacimiento es perturbadora porque se refiere a algo que se nos hace a nosotros, no que nosotros hacemos. Juan 1:13 enfatiza esto. Se refiere a los hijos de Dios como aquellos que "no son engendrados de sangre, ni de voluntad de carne, ni de voluntad de varón, sino de Dios". Dios es el que causa el nuevo nacimiento, no nosotros. Pedro hace hincapié en lo mismo: "Bendito el Dios y Padre de nuestro Señor Jesucristo, que según su grande misericordia nos hizo renacer..." (1 P. 1:3).

Nosotros no causamos el nuevo nacimiento. Dios es el que causa el nuevo nacimiento. Todo lo espiritualmente bueno que hagamos es resultado del nuevo nacimiento, no su causa. Esto significa que el nuevo nacimiento se escapa de nuestras manos. No tenemos el control. Y por eso nos confronta con nuestra inutilidad y nuestra absoluta dependencia de Alguien fuera de nosotros mismos. Eso es perturbador. Se nos dice que no veremos el reino de Dios si no nacemos de nuevo. Y se nos dice que no podemos nacer de nuevo por nosotros mismos.

La tercera razón por la que la enseñanza de Jesús acerca del nuevo nacimiento es perturbadora es, pues, que nos confronta con la absoluta libertad de Dios. Separados de Dios, estamos espiritualmente muertos en nuestro egoísmo y nuestra rebeldía. Somos por naturaleza hijos de la ira (Ef. 2:3). Nuestra rebeldía es tan profunda que no podemos detectar ni desear la gloria de Cristo en el evangelio (2 Co. 4:4). Por tanto, si vamos a nacer de nuevo, tendrá que depender total y finalmente de Dios. Su decisión de darnos vida no será una respuesta a lo que nosotros hagamos como cadáveres espirituales, sino que lo que hagamos será una respuesta al hecho de que Él nos dio vida. Para la mayoría de las personas, al menos al principio, esto es perturbador.

MI ESPERANZA: ESTABILIZAR Y SALVAR, NO SOLO PERTURBAR

En vista de lo perturbador que puede ser esto a la conciencia sensible y al corazón endurecido, quiero tener mucho cuidado. No quiero causar una perturbación innecesaria en las almas sensibles. Ni tampoco quiero dar una falsa esperanza a aquellos que han confundido la moralidad o la religión con la vida espiritual. Mientras leas este libro, ora para que no tengas ninguno de esos efectos destructores.

Siento como si tomara en mis manos almas eternas. Y, al mismo tiempo, sé que no tengo poder en mí mismo para darles vida. Pero Dios sí. Y tengo muchas esperanzas de que Él hará lo que dice en Efesios 2:4-5: "Pero Dios, que es rico en misericordia, por su gran amor con que nos amó, aun estando nosotros muertos en pecados, nos dio vida juntamente con Cristo (por gracia sois salvos)". Al Padre le encanta magnificar las riquezas de su gracia que da vida donde Cristo es exaltado en verdad. Esa es mi esperanza: que estos capítulos no solo perturben, sino que estabilicen y salven.

El plan

Vayamos ahora a la pregunta: *¿Qué sucede en el nuevo nacimiento?* Trataré de poner las respuestas en tres declaraciones; las primeras dos las trataremos en este capítulo y la tercera la trataremos en el siguiente: 1) Lo que sucede en el nuevo nacimiento no es la adquisición de una nueva religión, sino una nueva vida. 2) Lo que sucede en el nuevo nacimiento no es puramente afirmar lo sobrenatural en Jesús, sino experimentar lo sobrenatural en nosotros mismos. 3) Lo que sucede en el nuevo nacimiento no es la mejoría de la vieja naturaleza, sino la creación de una nueva naturaleza humana, una naturaleza que es realmente *tú*, y que ha sido perdonada y limpia; y una naturaleza realmente *nueva* que es formada por el Espíritu de Dios que mora en nosotros. Analicémoslos uno por uno.

Nueva vida, no nueva religión

En el nuevo nacimiento, no adquirimos una nueva religión, sino una nueva vida. Los primeros tres versículos de Juan 3 dicen así:

> Había un hombre de los fariseos que se llamaba Nicodemo, un principal entre los judíos. Este vino a Jesús de noche, y le dijo: Rabí, sabemos que has venido de Dios como maestro; porque nadie puede hacer estas señales que tú haces, si no está Dios con él. Respondió Jesús y le dijo: De cierto, de

cierto te digo, que el que no naciere de nuevo, no puede ver
el reino de Dios.

Juan se asegura de que sepamos que Nicodemo es fariseo y líder de los judíos. Religiosamente, los fariseos eran los más rigurosos de todos los grupos judíos. A este, Jesús dijo (en el v. 3): "De cierto, de cierto te digo, que el que no naciere de nuevo, no puede ver el reino de Dios". De una manera incluso más personal, dice en el versículo 7: "Os es necesario nacer de nuevo". Por tanto, uno de los argumentos de Juan es: toda la religión de Nicodemo, todos sus asombrosos estudios, disciplinas y leyes farisaicas no pueden reemplazar la necesidad del nuevo nacimiento.

Lo que Nicodemo necesita, y lo que tú y yo necesitamos, no es religión sino vida. El motivo de referirse al nuevo nacimiento es que el nacimiento trae una nueva vida al mundo.[1] En cierto sentido, claro, Nicodemo está vivo. Está respirando, pensando, sintiendo, actuando. Es un ser humano creado a imagen de Dios. Pero, evidentemente, Jesús cree que está muerto. No hay vida espiritual en Nicodemo. Espiritualmente, él no ha nacido. Necesita vida, no más actividades religiosas ni más celo religioso. Tiene abundancia de eso.

Recuerda lo que Jesús dijo en Lucas 9:60 al hombre que quería seguirlo después de enterrar a su padre: "Jesús le dijo: Deja que los muertos entierren a sus muertos…". Eso significa que hay personas que están físicamente muertas que necesitan que las entierren. Y hay personas espiritualmente muertas que

---

1. En este libro, no haremos una distinción significativa entre la imagen de la concepción y la imagen del nacimiento. Hasta las personas precientíficas del primer siglo sabían que los niños estaban vivitos y coleando antes de nacer. Sin embargo, los escritores bíblicos no hicieron mucho hincapié en los detalles de la gestación al hablar del nuevo nacimiento. En general, cuando ellos (y nosotros) hablamos del nuevo nacimiento, nos referimos más ampliamente a la nueva vida que surge, ya sea que uno piense en el momento de la concepción o en el momento del nacimiento.

necesitan que las entierren. En otras palabras, Jesús pensaba en términos de personas que andan por ahí con mucha vida aparente, pero que están muertas. En su parábola sobre el hijo pródigo, el padre dice: "porque este mi hijo muerto era, y ha revivido..." (Lc. 15:24).

Nicodemo no necesitaba religión; necesitaba vida, vida espiritual. Lo que sucede en el nuevo nacimiento es que la vida, que antes no estaba ahí, surge. La nueva vida se produce en el nuevo nacimiento. No se trata de actividad religiosa, ni disciplina ni decisión. Se trata de una vida que surge. Esa es la primera manera de describir lo que sucede en el nuevo nacimiento.

Cómo experimentar lo sobrenatural, no solo afirmarlo

Segundo, lo que sucede en el nuevo nacimiento no es puramente afirmar lo sobrenatural en Jesús, sino experimentar lo sobrenatural en uno mismo. Nicodemo dice en el versículo 2: "Rabí, sabemos que has venido de Dios como maestro; porque nadie puede hacer estas señales que tú haces, si no está Dios con él". En otras palabras, Nicodemo ve en el ministerio de Jesús una actividad divina genuina. Admite que Él es de Dios y que hace las obras de Dios. A esto, Jesús no responde diciendo: "Ojalá que todo el mundo en Palestina pudiera ver la verdad que tú ves en mí". Más bien dice: "Te es necesario nacer de nuevo o, de lo contrario, nunca verás el reino de Dios".

Ver señales y maravillas, asombrarse con ellas y dar el crédito al hacedor de milagros admitiendo que viene de Dios no salva a nadie. Ese es uno de los grandes peligros de las señales y las maravillas: uno no necesita un corazón nuevo para asombrarse con ellas. La naturaleza humana vieja y caída es todo lo que se necesita para asombrarse con señales y maravillas. Y la naturaleza humana vieja y caída está dispuesta a decir que el hacedor de milagros es de Dios. El diablo mismo sabe que Jesús es el Hijo de Dios y hace milagros (Mr. 1:24). No, Nicodemo, ver a Jesús como el hacedor de milagros enviado por Dios no es la llave para entrar en el reino: "De cierto, de cierto te digo, que el que no naciere de nuevo, no puede ver el reino de Dios".

En otras palabras, lo que importa no es puramente afirmar lo sobrenatural en Jesús, sino experimentar lo sobrenatural en uno mismo. El nuevo nacimiento es sobrenatural, no natural. Las cosas que ya existen en este mundo no lo pueden explicar. El versículo 6 hace hincapié en la naturaleza sobrenatural del nuevo nacimiento: "Lo que es nacido de la carne, carne es; y lo que es nacido del Espíritu, espíritu es". Lo que somos naturalmente es carne. El Espíritu de Dios es la Persona sobrenatural que produce el nuevo nacimiento.

Jesús dice esto otra vez en el versículo 8: "El viento sopla de donde quiere, y oyes su sonido; mas ni sabes de dónde viene, ni a dónde va; así es todo aquel que es nacido del Espíritu". El Espíritu no forma parte de este mundo natural. Está por encima de la naturaleza. Es sobrenatural. De hecho, es Dios. Sopla hacia donde quiere. Nosotros no lo controlamos. Es libre y soberano. Es la causa inmediata del nuevo nacimiento.

Por todo esto, Nicodemo, Jesús dice que lo que sucede en el nuevo nacimiento no es puramente afirmar lo sobrenatural en Él, sino experimentar lo sobrenatural en ti. Te es necesario nacer de nuevo. Y no de una manera natural (metafóricamente hablando), sino de una manera sobrenatural. Dios Espíritu Santo debe venir a ti y producir nueva vida.

En el capítulo siguiente, echaremos un vistazo a las palabras del versículo 5: "De cierto, de cierto te digo, que el que no naciere de agua y del Espíritu, no puede entrar en el reino de Dios". ¿A qué se refieren aquí el agua y el Espíritu? ¿Y cómo nos ayuda eso a entender lo que sucede en el nuevo nacimiento?

Jesús es la vida que recibimos en el nuevo nacimiento

Pero en lo que nos queda de este capítulo, deseo hacer una conexión importantísima entre ser nacido de nuevo por el Espíritu y tener vida eterna mediante la fe en Jesús. Lo que hemos visto hasta ahora es que, en el nuevo nacimiento, el Espíritu Santo obra sobrenaturalmente para producir vida espiritual donde no existía. Jesús lo dice de nuevo en Juan 6:63: "El espíritu es el que da vida; la carne para nada aprovecha…".

Sin embargo, el Evangelio de Juan aclara algo más: el mismo Jesús es la vida que el Espíritu Santo da. O podríamos decir: la vida espiritual que Él da, solamente la da en conexión con Jesús. En la unión con Cristo, experimentamos vida sobrenatural, espiritual. El Señor dijo en Juan 14:6: "Yo soy el camino, y la verdad, y la vida; nadie viene al Padre, sino por mí". En Juan 6:35 dijo: "Yo soy el pan de vida…". Y en Juan 20:31, el apóstol dice: "Pero estas se han escrito para que creáis que Jesús es el Cristo, el Hijo de Dios, y para que creyendo, tengáis vida en su nombre".

Por tanto, no hay vida espiritual —no hay vida eterna— separada de la conexión con Jesús y la creencia en Jesús. Tendremos mucho más que decir acerca de la relación entre el nuevo nacimiento y la fe en Cristo. Pero, por ahora, lo podemos expresar así: en el nuevo nacimiento, el Espíritu Santo nos une con Cristo en una unión viva. Cristo es vida. Cristo es la vid de donde fluye la vida. Nosotros somos los pámpanos (Jn. 15:1-17). Lo que sucede en el nuevo nacimiento es la creación sobrenatural de la nueva vida espiritual, que se crea a través de la unión con Jesucristo. El Espíritu Santo nos lleva a una conexión vital con Cristo, quien es el camino, la verdad y la vida. Esa es la realidad objetiva de lo que sucede en el nuevo nacimiento.

Y desde nuestro lado, la manera como experimentamos esto es que la fe en Jesús se despierta en nuestros corazones. La vida espiritual y la fe en Jesús suceden juntas. La nueva vida hace posible la fe y, puesto que la vida espiritual siempre despierta la fe y se expresa a sí misma en fe, no hay vida sin fe en Jesús. Por tanto, nunca debemos separar el nuevo nacimiento de la fe en Jesús. Del lado de Dios, somos unidos a Cristo en el nuevo nacimiento. Eso es lo que hace el Espíritu Santo. Desde nuestro lado, experimentamos esa unión mediante la fe en Jesús.

Nunca separes el nuevo nacimiento de la fe en Jesús

Es así como Juan los conecta en su primera epístola: "Porque todo lo que es *nacido de Dios* vence al mundo; y esta es la victoria que ha vencido al mundo, nuestra *fe*" (1 Jn. 5:4). "Nacido de Dios" es la clave para la victoria. La "fe" es la clave para la victoria. Ambos son ciertos porque la fe es la manera como experimentamos ser nacidos de Dios. Ser nacido de Dios siempre trae fe consigo. La vida dada en el nuevo nacimiento es la vida de fe. Los dos nunca se separan.

Considera cómo lo dice Juan en 1 Juan 5:11-12: "Y este es el testimonio: que Dios nos ha dado vida eterna; y esta vida está en su Hijo. El que tiene al Hijo, tiene la vida; el que no tiene al Hijo de Dios no tiene la vida". Por tanto, cuando Jesús dice: "El espíritu es el que da vida…" (Jn. 6:63), y "el que no naciere… del Espíritu" (Jn. 3:5, 8) y "para que creyendo, tengáis vida…" (Jn. 20:31), quiere decir que, en el nuevo nacimiento, el Espíritu Santo nos da nueva vida espiritual de manera sobrenatural, porque nos conecta con Jesucristo mediante la fe. Porque Jesús es vida.

Por ende, cuando contestamos la pregunta *¿Qué sucede en el nuevo nacimiento?*, nunca separemos estos dos dichos de Jesús en Juan 3: "el que no naciere de nuevo, no puede ver el reino de Dios" (v. 3) y "El que cree en el Hijo tiene vida eterna…" (v. 36). Lo que sucede en el nuevo nacimiento es la creación de la vida en unión con Jesús. Y, en parte, Dios hace esto mediante la creación de fe, que es cómo experimentamos nuestra unión con Cristo.

*Había un hombre de los fariseos que se llamaba Nico-
demo, un principal entre los judíos. Este vino a Jesús de
noche, y le dijo: Rabí, sabemos que has venido de Dios
como maestro; porque nadie puede hacer estas señales
que tú haces, si no está Dios con él. Respondió Jesús y
le dijo: De cierto, de cierto te digo, que el que no naciere de nuevo, no puede ver el reino de Dios. Nicodemo
le dijo: ¿Cómo puede un hombre nacer siendo viejo?
¿Puede acaso entrar por segunda vez en el vientre de
su madre, y nacer? Respondió Jesús y le dijo: De cierto,
de cierto te digo, que el que no naciere de nuevo, no
puede ver el reino de Dios. Lo que es nacido de la carne,
carne es; y lo que es nacido del Espíritu, espíritu es. No
te maravilles de que te dije: Os es necesario nacer de
nuevo. El viento sopla de donde quiere, y oyes su sonido;
mas ni sabes de dónde viene, ni a dónde va; así es todo
aquel que es nacido del Espíritu. Respondió Nicodemo
y le dijo: ¿Cómo puede hacerse esto? Respondió Jesús y le
dijo: ¿Eres tú maestro de Israel, y no sabes esto?*

Juan 3:1-10

2

TÚ SIGUES SIENDO TÚ, PERO ERES UNA NUEVA PERSONA

En este capítulo, continuaremos con la respuesta a la pregunta del capítulo 1: *¿Qué sucede en el nuevo nacimiento?* Jesús dijo a Nicodemo en Juan 3:7: "No te maravilles de que te dije: Os es necesario nacer de nuevo". En el versículo 3, le dijo a Nicodemo —y a nosotros— que nuestra vida eterna depende de nacer de nuevo: "De cierto, de cierto te digo, que el que no naciere de nuevo, no puede ver el reino de Dios". Entonces, no estamos lidiando con algo mínimo, ni opcional ni cosmético en la vida cristiana. El nuevo nacimiento no es como el maquillaje que usan los funerarios para tratar de que los cadáveres se vean como si estuvieran vivos. El nuevo nacimiento es la creación de la vida espiritual, no la imitación de la vida.

Comenzamos a contestar la pregunta *¿Qué sucede en el nuevo nacimiento?* con dos declaraciones: 1) Lo que sucede en el nuevo nacimiento no es adquirir una nueva religión, sino obtener nueva vida, y 2) lo que sucede en el nuevo nacimiento no es puramente afirmar lo sobrenatural en Jesús, sino experimentar lo sobrenatural en uno mismo.

Vida nueva a través del Espíritu Santo

Nicodemo era fariseo y tenía mucha religión, pero no tenía vida espiritual. Y vio la obra sobrenatural de Dios en Jesús, pero no la experimentó en sí mismo. Por lo tanto, si unimos nuestros dos argumentos del capítulo 1, lo que Nicodemo necesitaba era una nueva vida espiritual impartida de manera sobrenatural a través del Espíritu Santo. Lo que hace que la nueva vida sea *espiritual* y lo que la hace *sobrenatural* es la obra de Dios Espíritu. Es algo que está por encima de la vida natural de nuestros corazones y cerebros físicos.

En Juan 3:6, Jesús dice: "Lo que es nacido de la carne, carne es; y lo que es nacido del Espíritu, espíritu es". La carne tiene un tipo de vida. Todos los seres humanos son carne viva. Pero no todos los seres humanos son espíritu vivo. Para ser un espíritu vivo, o para tener vida espiritual, Jesús dice que "nos es necesario nacer del espíritu". La carne produce un tipo de vida. El Espíritu da vida a otro tipo de vida. Si no tenemos el segundo tipo, no veremos el reino de Dios.

Por el Espíritu, en Jesús

Cuando llegamos al final del capítulo anterior, notamos dos cosas muy importantes: la relación del nuevo nacimiento con Jesús y la relación del nuevo nacimiento con la fe. Jesús dijo: "Yo soy el camino, y la verdad, y la *vida*…" (Jn. 14:6). El apóstol Juan dijo: "Dios nos ha dado vida eterna; y esta vida está *en su Hijo*. El que tiene al Hijo, tiene la vida; el que no tiene al Hijo de Dios no tiene la vida" (1 Jn. 5:11-12).

Por un lado, la nueva vida que necesitamos está "en el Hijo": Jesús es esa vida. Si lo tienes, tienes nueva vida espiritual y eterna. Y por otro lado, en Juan 6:63, Jesús dice: "El espíritu es el que da vida…". Y, a menos que nazcas del Espíritu, no puedes entrar en el reino de Dios (Jn. 3:5).

Tenemos vida porque estamos conectados con el Hijo de Dios que es nuestra vida, y tenemos esa vida por la obra del Espíritu. Concluimos, pues, que la obra del Espíritu en la regeneración es impartirnos nueva vida uniéndonos con Cristo. La manera en que lo expresa Juan Calvino es así: "El Espíritu Santo es el vínculo por el cual Cristo efectivamente nos une a sí mismo".[1]

Luego vimos la conexión con la fe en Juan 20:31: "Pero estas se han escrito para que creáis que Jesús es el Cristo, el Hijo de Dios, y para que creyendo, tengáis vida en su nombre". Y vimos la conexión en 1 Juan 5:4: "Porque todo lo que es nacido de Dios vence al mundo; y esta es la victoria que ha vencido al mundo, nuestra fe". Entonces, resumimos lo que hemos visto así: en el nuevo nacimiento, el Espíritu Santo nos da nueva vida espiritual de manera sobrenatural porque nos conecta con Jesucristo mediante la fe.

Nueva creación, no una mejora de la vieja

Lo visto hasta aquí nos lleva a la tercera manera de describir qué sucede en el nuevo nacimiento. No se trata de una mejora de la vieja naturaleza, sino de la creación de una nueva naturaleza humana, una naturaleza que es realmente *tú*, perdonado y limpio; y una naturaleza que es realmente *nueva*, formada en ti por el Espíritu de Dios que mora en tu interior.

Te llevaré conmigo en la versión resumida del viaje que hice para llegar a esta observación. En Juan 3:5, Jesús dice a Nicodemo: "De cierto, de cierto te digo, que el que no naciere de agua y del Espíritu, no puede entrar en el reino de Dios". ¿Qué quiere decir Jesús con los dos términos, "de agua y del Espíritu"? Algunas denominaciones creen que se refiere a que el bautismo de agua es la manera en que el Espíritu nos une con Cristo. Por ejemplo, una página web lo explica así:

---

1. Juan Calvino, *Institutes of the Christian Religion* [*Institución de la religión cristiana*] (Philadelphia: The Westminster Press, 1960), 538 (III, 1, 1). Publicado en español por Fundación Editorial de la Literatura Reformada, 4.ª ed., 1994.

> El Santo Bautismo es la base de toda la vida cristiana, la
> puerta a la vida en el Espíritu y la puerta que da acceso a los
> demás sacramentos. A través del Bautismo, somos liberados
> del pecado y renacidos como hijos de Dios; nos hacemos
> miembros de Cristo, somos incorporados a la Iglesia y com-
> partimos su misión: "El Bautismo es el sacramento de la
> regeneración mediante agua en la palabra".[2]

A millones de personas les han enseñado que su bautismo los
hizo nacer de nuevo. Si esto no es verdad, es una tragedia grande
y mundial. Y no creo que sea verdad. Entonces, ¿qué quiso decir
Jesús con las palabras "el que no naciere de agua y del Espíritu"?

Por qué el "agua" no se refiere al bautismo

Hay varias razones por las que creo que la referencia al agua aquí
no es una referencia al bautismo cristiano.

En primer lugar, si esta fuera una referencia al bautismo cristiano y fuera esencial para el nuevo nacimiento, como dicen algunos, parece extraño que no se vuelva a ver en el resto de este
capítulo, cuando Jesús dice cómo tener vida eterna. El versículo
15: "Para que todo aquel que en él cree, no se pierda, mas tenga
vida eterna". El versículo 16: "para que todo aquel que en él cree,
no se pierda, mas tenga vida eterna". El versículo 18: "El que en
él cree, no es condenado…". Parecería extraño, si el bautismo
fuera tan esencial, que no se mencionara junto con la fe en el
resto del capítulo.

En segundo lugar, la analogía con el viento del versículo 8
parecería extraña si nacer de nuevo estuviera tan firmemente
atado al bautismo de agua. Jesús dice: "El viento sopla de donde
quiere, y oyes su sonido; mas ni sabes de dónde viene, ni a dónde
va; así es todo aquel que es nacido del Espíritu". Esto parece

---

2. www.christusrex.org/www1/CDHN/baptism.html, en línea, consultado el 30
   de abril de 2008.

decir que Dios es tan libre como el viento para causar la regeneración. Sin embargo, si esta sucediera cada vez que rociaran a un bebé con agua, la anterior afirmación no parecería ser verdad. En ese caso, el viento estaría muy limitado por el sacramento. No parece que Jesús esté pensando en términos sacramentales ni bautismales.

En tercer lugar, si Jesús se refiere al bautismo cristiano, parece extraño que le dijera a Nicodemo, el fariseo, en el versículo 10: "¿Eres tú maestro de Israel, y no sabes esto?". Esto tendría sentido si Jesús se estuviera refiriendo a algo enseñado en el Antiguo Testamento, el cual Nicodemo debía haber sabido y aplicado. Pero si Jesús se está refiriendo a un bautismo cristiano que vendrá después, el cual obtiene su significado en la vida y muerte de Cristo, no sería un regaño lo que le dijo a Nicodemo, maestro de Israel, por no entender lo que Él estaba enseñando.

Por último, esa misma declaración del versículo 10 nos envía de vuelta al Antiguo Testamento para ver algunos antecedentes. Lo que encontramos es que el agua y el Espíritu están estrechamente vinculados en las promesas del Nuevo Pacto, sobre todo en Ezequiel 36. Este texto de Ezequiel es la base para el resto de este capítulo.

Agua y Espíritu en Ezequiel 36

Ezequiel está profetizando lo que Dios hará por su pueblo cuando lo traiga de vuelta del exilio en Babilonia. Las implicaciones son mucho mayores que solo para el pueblo de Israel, porque Jesús afirma asegurar el Nuevo Pacto por su sangre para todos los que confíen en Él (Lc. 22:20). Y Ezequiel 36:24-28 es una versión de las promesas del Nuevo Pacto como las de Jeremías 31:31-34.

> Y yo os tomaré de las naciones, y os recogeré de todas las tierras, y os traeré a vuestro país. Esparciré sobre vosotros agua limpia, y seréis limpiados de todas vuestras inmundi-

cias; y de todos vuestros ídolos os limpiaré. Os daré corazón nuevo, y pondré espíritu nuevo dentro de vosotros; y quitaré de vuestra carne el corazón de piedra, y os daré un corazón de carne. Y pondré dentro de vosotros mi Espíritu, y haré que andéis en mis estatutos, y guardéis mis preceptos, y los pongáis por obra. Habitaréis en la tierra que di a vuestros padres, y vosotros me seréis por pueblo, y yo seré a vosotros por Dios (Ez. 36:24-28).

Creo que este es el pasaje en el que se basan las palabras de Jesús: "De cierto, de cierto te digo, que el que no naciere de *agua* y del *Espíritu*, no puede entrar en el reino de Dios". ¿A quiénes dice Dios: "y vosotros me seréis por pueblo, y yo seré a vosotros por Dios" (v. 28)? Respuesta: a los mismos a quienes dice: "Esparciré sobre vosotros *agua* limpia, y seréis limpiados de todas vuestras inmundicias…" (v. 25) y: "Os daré corazón nuevo, y pondré *espíritu* nuevo dentro de vosotros…" (v. 26). En otras palabras, los que van a "entrar en el reino de Dios" son aquellos que tienen algo nuevo que implica una *limpieza* de lo viejo y una *creación* de lo nuevo.

Por tanto, concluyo que "agua y Espíritu" en Ezequiel 36 se refieren a dos aspectos de nuestra novedad cuando nacemos de nuevo. Y la razón por la que ambos son importantes es esta: cuando decimos que se nos da un nuevo espíritu (o un nuevo corazón), no queremos decir que dejamos de ser los seres humanos —el ser moralmente responsable— que siempre hemos sido. Yo era el ser humano individual John Piper antes de nacer de nuevo, y he sido el ser humano individual John Piper desde que nací de nuevo. Hay una continuidad. Por eso, tiene que haber limpieza. Si el viejo ser humano, John Piper, fuera completamente borrado, todo el concepto de perdón y limpieza sería irrelevante. No quedaría nada del pasado que perdonar ni que limpiar.

Sabemos que la Biblia nos dice que nuestro viejo yo fue crucificado (Ro. 6:6), que hemos muerto con Cristo (Col. 3:3), que debemos considerarnos muertos (Ro. 6:11) y despojarnos del viejo hombre (Ef. 4:22). Pero nada de eso significa que no se esté hablando del mismo ser humano en la vida. Significa que había una vieja naturaleza, un viejo carácter, o principio, o manera, que necesitaba eliminarse.

Por tanto, la forma de pensar en el nuevo corazón, el nuevo espíritu, la nueva naturaleza es que todavía eres tú, y por eso necesitas ser perdonado y limpiado. De esto se trata la referencia al agua. Mi culpa debe ser lavada. Limpiar con agua es una figura de eso. Jeremías 33:8 lo explica así: "Y los limpiaré de toda su maldad con que pecaron contra mí; y perdonaré todos sus pecados con que contra mí pecaron, y con que contra mí se rebelaron". Por ende, la persona que somos, que continúa existiendo, debe ser perdonada, y la culpa, lavada.

La necesidad de ser nuevo

Sin embargo, perdón y limpieza no son suficientes. Necesito ser nuevo. Necesito ser transformado. Necesito vida. Necesito una nueva forma de ser, de pensar y de valorar. Por eso, Ezequiel habla de un nuevo corazón y un nuevo espíritu en los versículos 26-27: "Os daré corazón nuevo, y pondré espíritu nuevo dentro de vosotros; y quitaré de vuestra carne el corazón de piedra, y os daré un corazón de carne. Y pondré dentro de vosotros mi *Espíritu*, y haré que andéis en mis estatutos, y guardéis mis preceptos, y los pongáis por obra".

Es así como entiendo esos versículos: de seguro, el corazón de piedra significa el corazón muerto que era insensible y no respondía a la realidad espiritual, el corazón que tenías antes del nuevo nacimiento. Podías responder con pasión y deseo a muchas cosas, pero eras una piedra ante la verdad espiritual y la belleza de Jesucristo, y la gloria de Dios y el camino de la santidad. Eso es lo que tiene que cambiar si hemos de ver el reino del Padre. En el nuevo nacimiento, Dios quita el corazón de piedra y pone un corazón de carne. La palabra *carne* no significa "puramente humano", como en Juan 3:6 ("Lo que es nacido de la carne, carne es"). Significa blando, vivo, sensible y con capacidad de sentir, en vez de ser una piedra sin vida. En el nuevo nacimiento, nuestro aburrimiento muerto y de piedra, con Cristo, se reemplaza con un corazón que percibe la valía de Jesús.

Entonces, cuando Ezequiel dice en los versículos 26-27: "y pondré espíritu nuevo dentro de vosotros... Y pondré dentro de vosotros mi Espíritu, y haré que andéis en mis estatutos, y guardéis mis preceptos...", creo que quiere decir que, en el nuevo nacimiento, Dios pone una vida sobrenatural y espiritual en nuestro corazón, y que esa nueva vida, ese nuevo espíritu, es la obra del Espíritu Santo mismo que da forma y carácter a nuestro nuevo corazón.

La imagen que tengo en la mente es que este nuevo corazón, cálido, tangible, sensible, vivo, es como un poco de barro suave, y el Espíritu Santo hace presión sobre ese barro y le da forma espiritual y moral conforme a su propia forma. Al ser Él mismo dentro de nosotros, nuestro corazón y nuestra mente adoptan su carácter, su espíritu (cp. Ef. 4:23).

Recíbelo como tu tesoro

Ahora, demos un paso atrás y sumemos estos dos últimos capítulos. ¿Qué sucede en el nuevo nacimiento? En el nuevo nacimiento, el Espíritu Santo nos da nueva vida espiritual de manera sobrenatural porque nos conecta con Jesucristo mediante la fe. O, para decirlo de otra forma, el Espíritu nos une a Cristo donde hay limpieza de nuestros pecados (representados por el agua), y reemplaza nuestro corazón duro e insensible con un corazón blando que atesora a Jesús por encima de todas las cosas y que es transformado por la presencia del Espíritu en la clase de corazón al que le encanta hacer la voluntad de Dios (Ez. 36:27).

Tendremos mucho más que decir acerca del papel de la fe en el nuevo nacimiento y cómo una persona puede procurar el nuevo nacimiento y ayudar a otros a alcanzarlo. Pero no tienes que esperar. Si tu corazón se siente atraído por la verdad y la belleza de Cristo, recíbelo como tu vida. Juan ofrece esta asombrosa promesa: "Mas a todos los que le recibieron, a los que creen en su nombre, les dio potestad de ser hechos hijos de Dios" (Jn. 1:12).

Parte II

¿Por qué nos es necesario nacer de nuevo?

Y él os dio vida a vosotros, cuando estabais muertos en vuestros delitos y pecados, en los cuales anduvisteis en otro tiempo, siguiendo la corriente de este mundo, conforme al príncipe de la potestad del aire, el espíritu que ahora opera en los hijos de desobediencia, entre los cuales también todos nosotros vivimos en otro tiempo en los deseos de nuestra carne, haciendo la voluntad de la carne y de los pensamientos, y éramos por naturaleza hijos de ira, lo mismo que los demás. Pero Dios, que es rico en misericordia, por su gran amor con que nos amó, aun estando nosotros muertos en pecados, nos dio vida juntamente con Cristo (por gracia sois salvos), y juntamente con él nos resucitó, y asimismo nos hizo sentar en los lugares celestiales con Cristo Jesús, para mostrar en los siglos venideros las abundantes riquezas de su gracia en su bondad para con nosotros en Cristo Jesús. Porque por gracia sois salvos por medio de la fe; y esto no de vosotros, pues es don de Dios; no por obras, para que nadie se gloríe. Porque somos hechura suya, creados en Cristo Jesús para buenas obras, las cuales Dios preparó de antemano para que anduviésemos en ellas.

Efesios 2:1-10

3

Estamos muertos espiritualmente

Uno de los libros más grandiosos que se hayan escrito jamás sobre Dios, *Institución de la religión cristiana*, de Juan Calvino, comienza con esta oración: "Casi toda la sabiduría que poseemos, es decir, sabiduría verdadera y sólida, consta de dos partes: el conocimiento de Dios y de nosotros mismos".[1] Lo que tal vez necesitemos que nos recuerden en nuestros días no es que el conocimiento de Dios es difícil de comprender y de aceptar —eso es más o menos obvio—, sino que el conocimiento *de nosotros mismos* es igual de difícil de comprender y de aceptar. De hecho, puede que sea más difícil, primero, porque un verdadero conocimiento de nosotros mismos supone un verdadero conocimiento de Dios, y segundo, porque tendemos a pensar que *sí* nos conocemos a nosotros mismos cuando, de hecho, las profundidades de nuestra condición están más allá de nuestro entendimiento sin la ayuda de Dios.

¿Quién puede conocer el corazón humano?

El profeta Jeremías escribió: "Engañoso es el corazón más que todas las cosas, y perverso; ¿quién lo conocerá?" (Jer. 17:9). David

---

1. Calvino, *Institución de la religión cristiana*.

dijo en el Salmo 19:12: "¿Quién podrá entender sus propios errores? Líbrame de los que me son ocultos". En otras palabras, nunca llegamos al fondo de nuestra maldad. Si nuestro perdón dependiera de la plenitud del conocimiento de nuestros pecados, todos pereceríamos. Ninguno conoce el alcance de su maldad. Es más profundo de lo que nadie puede entender.

Pero la Biblia no nos deja sin ayuda para que nos conozcamos a nosotros mismos. El hecho de que no podamos conocer plenamente lo pecadores que somos no significa que no podamos conocer, profunda y verdaderamente, nuestra maldad. La Biblia tiene un mensaje claro y devastador acerca de la condición de nuestra alma. Y la razón es para que sepamos lo que necesitamos y gritemos de gozo cuando Dios nos lo dé.

Hemos escuchado a Jesús decir en Juan 3:7: "Os es necesario nacer de nuevo". Y en Juan 3:3: "el que no naciere de nuevo, no puede ver el reino de Dios". En otras palabras, nacer de nuevo es un asunto sumamente serio. El cielo y el infierno están en juego. No veremos el reino de Dios si no nacemos de nuevo. Por tanto, después de haber lidiado con la pregunta *¿Qué?*, ahora volvemos nuestra atención a la pregunta *¿Por qué?*

¿Por qué el nuevo nacimiento es tan necesario? ¿Por qué algún otro remedio no es suficiente, como empezar de nuevo, o mejorar moralmente o la autodisciplina? ¿Por qué necesitamos esta regeneración radical, espiritual, sobrenatural llamada el nuevo nacimiento o regeneración? Esa es la pregunta planteada en los capítulos 3 al 5.

Diagnóstico: muerte. Remedio: vida

El texto donde comenzamos es Efesios 2. En los versículos 1 y 5, Pablo dice dos veces que estamos muertos en nuestros pecados. Versículo 1: "*estabais muertos* en vuestros delitos y pecados"; versículos 4-5: "Pero Dios, que es rico en misericordia, por su gran amor con que nos amó, *aun estando nosotros muertos* en pecados, nos dio vida juntamente con Cristo (por gracia sois salvos)". Pablo nos describe dos veces como "muertos".

El remedio para esto en el versículo 5 es: "Dios nos dio vida". Nunca experimentaremos la plenitud de la grandeza del amor de Dios por nosotros si no vemos su amor en relación con nuestra muerte anterior, porque el versículo 4 dice que la grandeza de su amor se ve precisamente en esto, que nos da vida cuando estamos muertos: "Pero Dios, que es rico en misericordia, por su gran amor con que nos amó, aun estando nosotros muertos en pecados, nos dio vida juntamente con Cristo...". Gracias a su gran amor por nosotros, nos dio vida. Si no sabemos que estamos muertos, no conoceremos la plenitud del amor de Dios.

Entiendo que este milagro ("nos dio vida") es prácticamente lo mismo que lo que Jesús llama el nuevo nacimiento. Una vez no teníamos vida espiritual, pero luego Dios nos levantó de la condición de muerte espiritual. Y ahora estamos vivos. Es lo mismo que cuando Jesús dice que nos es necesario "nacer del Espíritu" (Jn. 3:5) y que "el espíritu es el que da vida" (Jn. 6:63).

Amor del nuevo pacto

Podemos decir, pues, que la obra de regeneración, la obra del nuevo nacimiento, la obra de ser hecho vivo, fluye de la riqueza de la misericordia de Dios y la grandeza de su amor: "Pero Dios, (1) *que es rico en misericordia*, (2) *por su gran amor con que nos amó*, aun estando nosotros muertos en pecados, nos dio vida juntamente con Cristo...". Esto es el amor del nuevo pacto (como vimos en el capítulo 2). Esa es la clase de amor que Dios tiene para su esposa. Él la encuentra muerta (Ez. 16:4-8)[2] y da su Hijo para

---

2. "Y en cuanto a tu nacimiento, el día que naciste no fue cortado tu ombligo, ni fuiste lavada con aguas para limpiarte, ni salada con sal, ni fuiste envuelta con fajas. No hubo ojo que se compadeciese de ti para hacerte algo de esto, teniendo de ti misericordia; sino que fuiste arrojada sobre la faz del campo, con

que muera por ella. Luego le da vida. Y la conserva para siempre: "Y yo les doy vida eterna —dice Jesús— y no perecerán jamás, ni nadie las arrebatará de mi mano" (Jn. 10:28).

De modo que la pregunta es: ¿qué significa esta muerte? Hay al menos diez respuestas en el Nuevo Testamento. Si las consideramos con franqueza y en actitud de oración, nos harán sentir profundamente humildes y nos asombrarán ante el regalo del nuevo nacimiento. Con todo esto, lo que pretendo hacer es hablar de siete de ellas en este capítulo y de tres de ellas en el capítulo siguiente junto con la pregunta mayor: *¿Realmente necesitamos ser cambiados?* ¿No podemos simplemente ser perdonados y justificados? ¿Nos nos llevaría eso al cielo?

Aquí hay siete de las explicaciones bíblicas sobre nuestra condición de separados del nuevo nacimiento y por qué es tan necesario.

1. *Sin el nuevo nacimiento, estamos muertos en delitos y pecados (Ef. 2:1-2).*

La muerte implica ausencia de vida. No ausencia de vida física ni moral, sino ausencia de vida espiritual. Versículo 1: Estamos "andando" y "siguiendo" al mundo. Versículo 2: tenemos "pasiones" de la carne y llevamos los "deseos de la carne y de los pensamientos". No estamos muertos en el sentido de que no podemos pecar. Estamos muertos en el sentido de que no podemos ver ni apreciar la gloria de Cristo. Estamos muertos espiritualmente. No podemos responder a Dios ni a Cristo, ni

---

menosprecio de tu vida, en el día que naciste. Y yo pasé junto a ti, y te vi sucia en tus sangres, y cuando estabas en tus sangres te dije: ¡Vive! Sí, te dije, cuando estabas en tus sangres: ¡Vive! Te hice multiplicar como la hierba del campo; y creciste y te hiciste grande, y llegaste a ser muy hermosa; tus pechos se habían formado, y tu pelo había crecido; pero estabas desnuda y descubierta. Y pasé yo otra vez junto a ti, y te miré, y he aquí que tu tiempo era tiempo de amores; y extendí mi manto sobre ti, y cubrí tu desnudez; y te di juramento y entré en pacto contigo, dice Jehová el Señor, y fuiste mía" (Ez. 16:4-8).

a esta palabra. Consideremos ahora cómo esto se desenvuelve en otras nueve descripciones de nuestra condición antes de que suceda el nuevo nacimiento (seis de ellas en este capítulo y tres en el siguiente).

2. *Sin el nuevo nacimiento, somos por naturaleza hijos de ira (Ef. 2:3).*

Versículo 3: "éramos por naturaleza *hijos de ira*, lo mismo que los demás". El objetivo de decir esto es establecer claramente que nuestro problema no está solo en lo que *hacemos*, sino en lo que *somos*. Separado del nuevo nacimiento, yo *soy* un problema. Tú no eres mi problema principal. Mis padres no eran mi problema principal. Mis enemigos no eran mi problema principal. *Yo* soy el problema principal. No son mis obras, ni mis circunstancias ni las personas que hay en mi vida, sino que *mi naturaleza* es mi problema principal más profundo.

No es que primero tenía una buena naturaleza y luego hice cosas malas y obtuve una mala naturaleza: "He aquí, en maldad he sido formado, y en pecado me concibió mi madre" (Sal. 51:5). Eso es lo que soy. Mi naturaleza es egoísta y egocéntrica, y exigente y muy hábil para hacerte sentir que tú eres el problema. Y si tu primera respuesta a esa declaración es: *Yo conozco personas así,* puede que estés totalmente ciego al engaño de tu propio corazón. Nuestra primera respuesta no debe ser señalar con el dedo. Eso forma parte del problema. Nuestra primera respuesta debe ser la contrición.

Pablo describe nuestra naturaleza antes del nuevo nacimiento como "hijos de ira". En otras palabras, la ira de Dios nos pertenece de la manera en que un padre pertenece a su hijo. Nuestra naturaleza es tan rebelde, tan egoísta y tan dura hacia la majestad de Dios que su ira santa es una respuesta natural y justa a nosotros.

3. *Sin el nuevo nacimiento, amamos la oscuridad y aborrecemos la luz (Jn. 3:19-20).*

Juan 3:19-20:

> Y esta es la condenación: que la luz vino al mundo, y los hombres amaron más las tinieblas que la luz, porque sus obras eran malas. Porque todo aquel que hace lo malo, aborrece la luz y no viene a la luz, para que sus obras no sean reprendidas.

Esta palabra de Jesús explica parte de lo que es nuestra naturaleza separada del nuevo nacimiento. No somos neutros cuando se acerca la luz espiritual. La resistimos. Y no somos neutros cuando la oscuridad espiritual nos envuelve. La aceptamos. El amor y el odio están activos en el corazón no regenerado. Y se mueven exactamente en direcciones equivocadas: aborrecen lo que debe amarse y aman lo que debe aborrecerse.

4. *Sin el nuevo nacimiento, nuestros corazones son duros como piedra (Ez. 36:26; Ef. 4:18).*

Eso lo vimos en el capítulo anterior, donde Dios dice en Ezequiel 36:26: "y quitaré de vuestra carne el corazón de piedra, y os daré un corazón de carne". Aquí, en Efesios 4:18, Pablo rastrea nuestra condición desde la oscuridad hacia la alienación, la ignorancia y la dureza de corazón: "Teniendo el entendimiento entenebrecido, ajenos de la vida de Dios por la ignorancia que en ellos hay, por la dureza de su corazón".

El fondo de nuestro problema no es la ignorancia. Hay algo más profundo: "la ignorancia que en ellos hay, por la dureza de su corazón". Nuestra ignorancia es una ignorancia culpable, no inocente. Está arraigada en corazones duros y resistentes. Pablo dice en Romanos 1:18 que nosotros detenemos la verdad con injusticia. La ignorancia no es nuestro mayor problema. Lo son la dureza y la resistencia.

5. *Sin el nuevo nacimiento, no somos capaces de someternos a Dios ni de agradarle (Ro. 8:7-8).*

En Romanos 8:7-8, Pablo dice: "Por cuanto los designios de la carne [literalmente, la mente de la carne] son enemistad contra Dios; porque no se sujetan a la ley de Dios, *ni tampoco pueden*; y los que viven según la carne *no pueden* agradar a Dios". En el siguiente versículo, nos damos cuenta de lo que Pablo quiere decir con "los designios de la carne" y vivir "en la carne". Dice en el versículo 9: "Mas vosotros no vivís según la carne, sino según el Espíritu, si es que el Espíritu de Dios mora en vosotros...". En otras palabras, está comparando a los que son nacidos de nuevo y tienen el Espíritu con los que no han nacido de nuevo y por tanto no tienen el Espíritu, sino que solamente tienen la carne: "Lo que es nacido de la carne, carne es; y lo que es nacido del Espíritu, espíritu es" (Jn. 3:6).

El hecho es que, sin el Espíritu Santo, nuestra mente es tan resistente a la autoridad de Dios que no nos vamos a someter a Él, y tampoco podremos hacerlo: "Por cuanto los designios de la carne son enemistad contra Dios; porque no se sujetan a la ley de Dios, ni tampoco pueden". Y, si no podemos someternos a Él, no podemos agradarle: "Y los que viven según la carne no pueden agradar a Dios". Así de muertos, de entenebrecidos y de duros estamos delante de Dios, hasta que Él nos hace nacer de nuevo.

6. *Sin el nuevo nacimiento, no podemos aceptar el evangelio (Ef. 4:18; 1 Co. 2:14).*

En 1 Corintios 2:14, Pablo nos da otra vislumbre de lo que implican esta muerte y dureza en lo que no podemos hacer. Dice: "Pero el hombre natural [es decir, la persona no regenerada por naturaleza] no percibe las cosas que son del Espíritu de Dios, porque para él son locura, y *no las puede entender*, porque se han de discernir espiritualmente". El problema no es que las cosas de Dios están por encima de él intelectualmente. El problema es que las ve como locura: "no percibe las cosas que son del Espíritu de Dios, *porque* para él son locura...". De hecho, para él son tal locura que *no las puede* entender.

Cabe notar que se trata de una "imposibilidad" moral, no de una "imposibilidad" física. Cuando Pablo dice: "el hombre natural no percibe... y no las puede entender...", quiere decir que el corazón es tan resistente para recibirlas que la mente justifica la rebeldía del corazón y las ve como locura. Esta rebeldía es tan completa que el corazón realmente no puede recibir las cosas del Espíritu. Es una incapacidad real. Pero no es una incapacidad forzada. La persona no regenerada no puede porque no quiere. Su preferencia por el pecado es tan fuerte que no puede elegir el bien. Es un yugo real y terrible. Pero no es un yugo inocente.

7. Sin el nuevo nacimiento, no podemos acudir a Cristo ni aceptarlo como Señor (Jn. 6:44, 65; 1 Co. 12:3).

En 1 Corintios 12:3, Pablo declara: "nadie puede llamar a Jesús Señor, sino por el Espíritu Santo". No quiere decir que un actor en un escenario, o un hipócrita en una iglesia, no pueda decir las palabras "Jesús es Señor" sin el Espíritu Santo. Quiere decir que nadie puede decirlo y decirlo en serio sin ser nacido del Espíritu. Es moralmente imposible para el corazón muerto, entenebrecido, duro y resistente celebrar el señorío de Jesús en su vida sin haber nacido de nuevo.

O, como dice Jesús tres veces en Juan 6, nadie puede ir a Él a menos que el Padre lo lleve. Y cuando, mediante esa atracción, Dios lleva a una persona a una conexión viva con Jesús, lo llamamos "el nuevo nacimiento". Juan 6:37: "Todo lo que el Padre me da, vendrá a mí…"; versículo 44: "Ninguno puede venir a mí, si el Padre que me envió no le trajere…"; versículo 65: "ninguno puede venir a mí, si no le fuere dado del Padre". Todas esas maravillosas obras de atraer, conceder y dar son la obra de Dios en la regeneración. Sin ellas no vamos a Cristo, porque preferimos no ir. Nuestra preferencia por la confianza en nosotros es tan fuerte que no podemos ir. Eso es lo que tiene que cambiar en el nuevo nacimiento. Una nueva preferencia y una nueva capacidad son otorgadas.

Dos clases de respuesta

Terminamos este capítulo volviendo a las asombrosas palabras de Efesios 2:4-5, las cuales están llenas de esperanza: "Pero Dios, que es rico en misericordia, por su gran amor con que nos amó, aun estando nosotros muertos en pecados, nos dio vida juntamente con Cristo (por gracia sois salvos)".

Hay dos maneras de responder a esto: una es teórica e impersonal; la otra es personal y urgente. Una da un paso atrás y dice: ¿Cómo puede ser esto y cómo puede ser aquello? La otra dice: Dios me llevó a este capítulo hoy. Dios me habló en estos textos hoy. La misericordia, el amor y la gracia de Dios me parecen desesperadamente necesarios y hermosos hoy. Oh, Señor, hoy me someto a tu asombrosa gracia que me ha traído aquí y me ha despertado, ablandado y abierto. Gracias a Dios por las riquezas de su misericordia, la grandeza de su amor y el poder de su gracia.

Lo que era desde el principio, lo que hemos oído, lo que hemos visto con nuestros ojos, lo que hemos contemplado, y palparon nuestras manos tocante al Verbo de vida (porque la vida fue manifestada, y la hemos visto, y testificamos, y os anunciamos la vida eterna, la cual estaba con el Padre, y se nos manifestó); lo que hemos visto y oído, eso os anunciamos, para que también vosotros tengáis comunión con nosotros; y nuestra comunión verdaderamente es con el Padre, y con su Hijo Jesucristo. Estas cosas os escribimos, para que vuestro gozo sea cumplido. Este es el mensaje que hemos oído de él, y os anunciamos: Dios es luz, y no hay ningunas tinieblas en él. Si decimos que tenemos comunión con él, y andamos en tinieblas, mentimos, y no practicamos la verdad; pero si andamos en luz, como él está en luz, tenemos comunión unos con otros, y la sangre de Jesucristo su Hijo nos limpia de todo pecado. Si decimos que no tenemos pecado, nos engañamos a nosotros mismos, y la verdad no está en nosotros. Si confesamos nuestros pecados, él es fiel y justo para perdonar nuestros pecados, y limpiarnos de toda maldad. Si decimos que no hemos pecado, le hacemos a él mentiroso, y su palabra no está en nosotros.

1 Juan 1:1-10

4

SOMOS ESCLAVOS AL SERVICIO DEL PECADO Y DE SATANÁS

En el capítulo anterior, lanzamos nuestra respuesta a la pregunta *¿Por qué nos es necesario nacer de nuevo?* Comenzamos con Efesios 2:4-5: "Pero Dios, que es rico en misericordia, por su gran amor con que nos amó, aun estando nosotros muertos en pecados, nos dio vida juntamente con Cristo (por gracia sois salvos)". Yo dije que la frase "Dios nos dio vida" es prácticamente lo mismo que el nuevo nacimiento. La razón que Pablo da por la cual necesitamos este milagro es que estamos muertos: "Aun *estando nosotros muertos* en pecados, nos dio vida".

Eso es lo que necesitamos: el milagro de la vida espiritual creada en nuestro corazón. Y la razón por la cual lo necesitamos es que estamos espiritualmente muertos. No podemos ver ni apreciar la belleza y valía de Cristo, quién es Él realmente. Los que no han nacido de nuevo no dicen con Pablo: "Estimo todas las cosas como pérdida por la excelencia del conocimiento de Cristo Jesús, mi Señor…" (Fil. 3:8).

Luego comenzamos a develar el significado de esa muerte. Dije que mencionaría diez maneras de describir esta condición a partir del Nuevo Testamento. Ya hemos visto siete de ellas:

1. Estamos muertos en delitos y pecados (Ef. 2:1-2).

2. Somos por naturaleza hijos de ira (Ef. 2:3).

3. Amamos la oscuridad y aborrecemos la luz (Jn. 3:19-20).

4. Nuestros corazones son duros como piedra (Ez. 36:26; Ef. 4:18).

5. No somos capaces de someternos a Dios ni de agradarle (Ro. 8:7-8).

6. No podemos aceptar el evangelio (Ef. 4:18; 1 Co. 2:14).

7. No podemos acudir a Cristo ni aceptarlo como Señor (Jn. 6:44, 65; 1 Co. 12:3).

Volvamos ahora nuestra atención a las últimas tres descripciones de nuestra condición separada del nuevo nacimiento. El objetivo en esta lista es darnos un diagnóstico preciso de nuestra enfermedad para que, cuando Dios aplique el remedio con un gran costo para Él, nosotros cosechemos el gozo y le demos algo de la gloria que Él merece. No vamos a cantar con asombro auténtico las palabras: "Sublime gracia del Señor, que a mí, pecador, salvó", a menos que conozcamos la naturaleza de nuestro pecado. John Newton conocía su corazón. Por eso escribió el himno.

8. *Sin el nuevo nacimiento, somos esclavos del pecado (Ro. 6:17).*

Pablo celebra nuestra liberación de la esclavitud del pecado dando gracias *a Dios* por ello. Dice en Romanos 6:17: "Pero *gracias a Dios*, que aunque erais *esclavos del pecado*, habéis obedecido de corazón a aquella forma de doctrina a la cual fuisteis entregados".

Estábamos una vez tan enamorados del pecado que no podíamos dejarlo ni matarlo.

Hasta que sucedió algo. Sucedió el nuevo nacimiento. Dios nos dio una nueva vida espiritual, una nueva naturaleza que aborrece el pecado y ama la justicia. Y por eso Pablo da gracias a Dios, no al hombre, por esa gran liberación: "Pero gracias a Dios, que aunque erais esclavos del pecado, habéis obedecido de corazón…". Hasta que Dios nos despierta de la muerte espiritual y nos da la vida que encuentra gozo en matar el pecado y en ser santos, somos esclavos y no podemos liberarnos. Por eso el nuevo nacimiento es necesario.

9. *Sin el nuevo nacimiento, somos esclavos de Satanás (Ef. 2:1-2; 2 Ti. 2:24-26).*

Esa es una de las cosas terribles de la muerte espiritual. Nuestra muerte responde al diablo y está en perfecta sintonía con él. Fíjate en cómo Pablo describe nuestra muerte en Efesios 2:1-2: "cuando estabais muertos en vuestros delitos y pecados, en los cuales anduvisteis en otro tiempo, siguiendo la corriente de este mundo, *conforme al príncipe de la potestad del aire*, el espíritu que ahora opera en los hijos de desobediencia". En otras palabras, la característica de las personas no regeneradas es que sus deseos y decisiones "son conforme" al príncipe de la potestad del aire. La persona no regenerada podría burlarse de la idea misma de un diablo. Y, por supuesto, no hay nada más acorde con el padre de las mentiras que la negación de que él existe.

Pero el yugo con el diablo se menciona más claramente en 2 Timoteo 2:24-26. Esta es una exhortación a los ministros sobre cómo liberar a las personas del yugo del diablo.

> Porque el siervo del Señor no debe ser contencioso, sino amable para con todos, apto para enseñar, sufrido; que con mansedumbre corrija a los que se oponen, por si quizá Dios

les conceda que se arrepientan para conocer la verdad, y escapen del lazo del diablo, en que están cautivos a voluntad de él.

Cuando Pablo dice que "quizá Dios les conceda que se arrepientan para conocer la verdad", eso es prácticamente lo que sucede en el nuevo nacimiento. Y ahí está la clave para liberar a las personas de la cautividad del diablo. Dios concede el arrepentimiento, es decir, despierta la vida que ve la fealdad y el peligro del pecado, y la belleza y valía de Cristo. Esa verdad libera al prisionero.

Esto es lo que sucede cuando una persona en la oscuridad acaricia un broche de ébano que le cuelga del cuello, hasta que la luz se enciende y ve que no es un broche, sino una cucaracha, y la arroja. Es así como las personas se liberan del diablo. Y hasta que Dios hace ese milagro del nuevo nacimiento, permanecemos en yugo con el padre de las mentiras, porque nos encanta poder decir todo lo que queremos. Seguimos acariciando suaves cucarachas y cálidas tarántulas vellosas en la oscuridad.

10. *Sin el nuevo nacimiento, nada bueno mora en nosotros (Ro. 7:18).*

Esta es una declaración que la persona no regenerada, que sabe muy bien que hace muchas cosas buenas y que podría hacer mucho más mal del que hace, no puede entender. La declaración no tiene sentido —que no hay nada bueno en nosotros antes del nuevo nacimiento— sin la convicción de que todo lo bueno que Dios ha hecho y que Dios sostiene está arruinado cuando no se hace apoyándose en la gracia del Señor y en procurar su gloria.

Por supuesto, en un sentido, la persona humana (el alma, la mente, el corazón, el cerebro, los ojos, la mano) y las estructuras sociales humanas (el matrimonio, la familia, el gobierno, los negocios) son todos buenos. Dios los hizo, los ordena, los sostiene. Es cierto que existen. Pero existen para su gloria. Él manda que lo amemos con todo el corazón, el alma y la mente (Mt. 22:37). Manda que usemos todo lo que Él ha hecho apoyándonos en su gracia y para mostrar su valía (1 P. 4:11). Cuando las personas usan todo lo que Dios ha hecho sin apoyarse en su gracia y sin el objetivo de mostrar su valía, prostituyen la creación de Dios. La convierten en instrumento de incredulidad. Y la arruinan.

Cuando Pablo dice en Romanos 7:18: "Y yo sé que en mí, esto es, en mi carne, no mora el bien…", esa es la razón por la que agrega la definición "esto es, en mi carne". Hay algo bueno en Pablo después del nuevo nacimiento. La fe es buena. El Espíritu Santo es bueno. La nueva naturaleza espiritual es buena. La santidad creciente es buena. Pero en su carne, esto es, en la persona que está por naturaleza separada del nuevo nacimiento, no hay nada bueno. Todo lo que fue creado bueno se arruina, porque se convierte en siervo de preocupaciones centradas en el hombre, no en Dios.

Esa es nuestra condición multiplicada por diez separada del nuevo nacimiento. Sin la regeneración estamos, para usar las palabras de Pablo en Efesios 2:12: "sin Cristo, alejados de la ciudadanía de Israel y ajenos a los pactos de la promesa, sin esperanza y sin Dios en el mundo". Por eso nos es necesario nacer de nuevo. Sin el nuevo nacimiento, nuestra condición no tiene esperanza, y no podemos arreglarla con mejoras morales. Los muertos no mejoran. Los muertos necesitan una cosa antes de que pueda suceder nada más: tienen que revivir. Les es necesario nacer de nuevo.

La otra mitad de la pregunta

Hasta ahora he estado preguntando solamente la mitad del *por qué*. La pregunta en realidad tiene dos significados. La que hemos estado contestando es: ¿Por qué no tengo vida espiritual y por qué no la puedo obtener por cuenta propia? Nuestra respuesta ha sido que somos rebeldes y egoístas, exigentes y duros, resistentes a las cosas espirituales y no podemos ver la belleza y valía de Cristo.

Por tanto, no podemos acudir a Él para obtener vida. Y por eso necesitamos una obra sobrenatural de Dios para que nos dé vida. Necesitamos nacer de nuevo. Esa es la primera manera de hacer la pregunta: *¿Por qué es necesario el nuevo nacimiento?*

No obstante, hay otra manera. La pregunta también significa: ¿Para qué se necesita el nuevo nacimiento? ¿Qué cosa produce que necesitarás en el futuro? ¿Qué es lo que no puedes tener sin él? La primera pregunta mira atrás y cuestiona cuál es nuestra condición que hace necesario el nuevo nacimiento. Y la segunda mira hacia adelante y busca saber qué debe ocurrir para nuestro gozo futuro, que solamente el nuevo nacimiento puede producir. A esto nos dirigimos ahora.

¿QUÉ ES LO QUE NO TENDREMOS

SIN EL NUEVO NACIMIENTO?

Intentaré contestar esta nueva pregunta de manera resumida en el resto de este capítulo, y luego lo veremos en detalle en el capítulo siguiente. ¿Qué es lo que no vamos a tener sin el nuevo nacimiento? La respuesta de Jesús fue simple, radical y devastadora: "De cierto, de cierto te digo, que el que no naciere de nuevo, no puede ver el reino de Dios" (Jn. 3:3). Sin el nuevo nacimiento, no veremos el reino de Dios. Es decir, no iremos al cielo. Pereceremos eternamente. ¿Qué es lo que no vamos a tener sin el nuevo nacimiento? No tendremos nada bueno. Solo tendremos sufrimiento para siempre.

Sin embargo, es importante que mostremos por qué. Necesitamos descubrir la manera en que Dios nos salva a través del nuevo nacimiento, la manera en que nos lleva al reino. Tenemos que ver la conexión entre el nuevo nacimiento y lo que Dios ha hecho para salvarnos a través de la muerte y resurrección de Jesús.

Por lo tanto, voy a dar cinco respuestas que se relacionan entre sí con la pregunta, primero de una manera negativa, y luego, finalmente, de una forma positiva. ¿Qué es lo que no tendremos sin el nuevo nacimiento? Primero, de manera negativa:

1) Sin el nuevo nacimiento, no tendremos una fe salvadora, solo incredulidad (Jn. 1:11-13; 1 Jn. 5:1; Ef. 2:8-9; Fil. 1:29; 1 Ti. 1:14; 2 Ti. 1:3).

2) Sin el nuevo nacimiento, no tendremos justificación, solo condenación (Ro. 8:1; 2 Co. 5:21; Gá. 2:17; Fil. 3:9).

3) Sin el nuevo nacimiento, no seremos hijos de Dios, sino hijos del diablo (1 Jn. 3:9-10).

4) Sin el nuevo nacimiento, no produciremos el fruto del amor por el Espíritu Santo, sino el fruto de la muerte (Ro. 6:20-21; 7:4-6; 15:16; 1 Co. 1:2; 2 Co. 5:17; Ef. 2:10; Gá. 5:6; 2 Ts. 2:13; 1 P. 1:2; 1 Jn. 3:14).

5) Sin el nuevo nacimiento, no tendremos gozo eterno en comunión con Dios, sino tristeza eterna con el diablo y sus ángeles (Mt. 25:41; Jn. 3:3; Ro. 6:23; Ap. 2:11; 20:15).

Para conocernos a nosotros mismos y conocer la grandeza de Cristo y de nuestra salvación, necesitamos saber cómo se relaciona el nuevo nacimiento con esos cinco destinos. Veremos más de esta relación en el capítulo siguiente. Concluyo aquí diciéndolo de nuevo, pero esta vez de una manera positiva y en palabras de las Escrituras. Observa, sobre todo, cómo cada una está edificada sobre las anteriores.

1) Cuando Dios nos hace nacer de nuevo, se despierta la *fe* salvadora, y somos unidos con Cristo. En 1 Juan 5:1 leemos: "Todo aquel que *cree* que Jesús es el Cristo, *es nacido* de Dios...". No dice *que va a* nacer de Dios, sino que *ha nacido* de Dios. Nuestra primera fe es el destello de la vida a través del nuevo nacimiento.

2) Cuando el nuevo nacimiento despierta la fe y nos une a Cristo, somos *justificados*, es decir, considerados justos, mediante esa fe. Romanos 5:1: "Justificados, pues, por la fe, tenemos paz para con Dios por medio de nuestro Señor Jesucristo". El nuevo nacimiento despierta la fe, y la fe mira a Cristo para encontrar justicia. Dios nos acredita la justicia sobre la base de Cristo solamente mediante la fe.

3) Cuando el nuevo nacimiento despierta la fe y nos une a Cristo, todos los obstáculos judiciales para que Dios nos acepte se eliminan a través de la justificación. Él nos adopta en su familia y nos conforma a la imagen de su Hijo. Juan 1:12-13: "Mas a todos los que le recibieron, a los que creen en su nombre, les dio potestad de ser hechos hijos de Dios; los cuales no son engendrados de sangre, ni de voluntad de carne, ni de voluntad de varón, sino de Dios". Nacemos de nuevo de Dios, no por voluntad humana. Creemos en Cristo y lo recibimos, y Dios nos hace sus *herederos legales e hijos espirituales.*

4) Cuando el nuevo nacimiento despierta la fe y somos unidos a Cristo, y toda la condenación queda reemplazada con la justificación, el Espíritu de adopción se muda en nuestra vida y produce el *fruto del amor.* Gálatas 5:6: "Porque en Cristo Jesús ni la circuncisión vale algo, ni la incircuncisión, sino la fe que obra por el amor"; 1 Juan 3:14: "Nosotros sabemos que hemos pasado de muerte a vida, en que amamos a los hermanos...". Donde hay nuevo nacimiento, hay amor.

5) Por último, cuando el nuevo nacimiento despierta la fe y nos une a Cristo, que es nuestra justicia, y desata el poder santificador del Espíritu Santo, estamos en el camino angosto que lleva al cielo. Y el pináculo del gozo

del cielo será eterna *comunión con Dios*: "Y esta es la vida eterna: que te conozcan a ti, el único Dios verdadero, y a Jesucristo, a quien has enviado" (Jn. 17:3). El pináculo del gozo de nuestra nueva vida es el mismo Dios.

Eso es lo que nos vamos a perder si no nacemos de nuevo. La razón de nacer de nuevo no es solamente que estamos muertos sin ello, sino que nos perderemos todo lo bueno, para siempre. Por eso Jesús dijo: "Os es necesario nacer de nuevo" (Jn. 3:3, 7).

Mirad cuál amor nos ha dado el Padre, para que seamos llamados hijos de Dios; por esto el mundo no nos conoce, porque no le conoció a él. Amados, ahora somos hijos de Dios, y aún no se ha manifestado lo que hemos de ser; pero sabemos que cuando él se manifieste, seremos semejantes a él, porque le veremos tal como él es. Y todo aquel que tiene esta esperanza en él, se purifica a sí mismo, así como él es puro. Todo aquel que comete pecado, infringe también la ley; pues el pecado es infracción de la ley. Y sabéis que él apareció para quitar nuestros pecados, y no hay pecado en él. Todo aquel que permanece en él, no peca; todo aquel que peca, no le ha visto, ni le ha conocido. Hijitos, nadie os engañe; el que hace justicia es justo, como él es justo. El que practica el pecado es del diablo; porque el diablo peca desde el principio. Para esto apareció el Hijo de Dios, para deshacer las obras del diablo. Todo aquel que es nacido de Dios, no practica el pecado, porque la simiente de Dios permanece en él; y no puede pecar, porque es nacido de Dios. En esto se manifiestan los hijos de Dios, y los hijos del diablo: todo aquel que no hace justicia, y que no ama a su hermano, no es de Dios.

1 Juan 3:1-10

5

Fe, justificación, adopción, purificación, glorificación

La primera vez que redacté este capítulo era Navidad, por consiguiente, intento lograr dos cosas de una sola vez: hacer la conexión entre la encarnación de Cristo y la regeneración (esa es la parte de la Navidad), e intentar transferir la pregunta del capítulo anterior, *¿Qué nos perderemos si no nacemos de nuevo?* Si lees el capítulo con esas dos preguntas en mente, puede que encuentres el camino con mayor facilidad.

¿Por qué la Navidad?

Dos veces, en 1 Juan 3:1-10, se nos dice por qué sucedió la Navidad, es decir, por qué el Hijo eterno y divino de Dios vino al mundo en forma de ser humano. En el versículo 5, Juan dice: "Y sabéis que él apareció para quitar nuestros pecados, y no hay pecado en él". Así, la impecabilidad de Cristo se afirma: "y no hay pecado en él". Y la razón de su venida se afirma: "Y sabéis que él apareció para quitar nuestros pecados...".

Luego, en la segunda parte del versículo 8, Juan dice: "Para esto apareció el Hijo de Dios, para deshacer las obras del diablo".

El foco específico al que Juan se refiere cuando dice "las obras del diablo" es el pecado que el diablo fomenta. Esto lo vemos en la primera parte del versículo 8: "El que practica el pecado es del diablo; porque el diablo peca desde el principio…". Entonces, las obras del diablo que Jesús vino a destruir son las obras del pecado.

Dos veces Juan nos dice que la Navidad sucedió —el Hijo de Dios se hizo hombre— para quitar el pecado, es decir, para destruir las obras del diablo, o sea, el pecado. Jesús nació de una virgen por el Espíritu Santo (Mt. 1:18, 20), creció "en sabiduría y en estatura, y en gracia para con Dios y los hombres" (Lc. 2:52) y fue perfectamente obediente y sin pecado durante toda su vida y ministerio, hasta el punto de la muerte, y muerte de cruz (Fil. 2:5-8; He. 4:15), para destruir las obras del diablo y quitar el pecado.

La encarnación de Jesús y nuestra regeneración

Una de las preguntas que estamos haciendo en este capítulo es: *¿Cuál es la conexión entre el nacimiento de Jesús y nuestro nuevo nacimiento?* ¿Cuál es la relación entre la encarnación de Jesús y nuestra regeneración? Para contestar esto, construyamos un puente desde el capítulo anterior hasta este texto aquí, en 1 Juan 3:1-10.

En el último capítulo, vimos que, cuando preguntamos por qué necesitamos nacer de nuevo, la respuesta podría mirar atrás, a nuestra desdichada condición en el pecado, o podría mirar hacia el futuro, a las cosas grandiosas que nos perderemos si no nacemos de nuevo, como por ejemplo, entrar en el reino de Dios. Dimos diez respuestas por las cuales necesitamos nacer de nuevo en el primer sentido, mirando atrás a lo que éramos sin el nuevo nacimiento. Y dimos cinco respuestas por las cuales necesitamos nacer de nuevo en el segundo sentido, mirando adelante, a lo que no vamos a disfrutar si no nacemos de nuevo.

El gran amor de Dios

Ahora, el puente entre ese capítulo y este texto en 1 Juan 3 es *el gran amor de Dios* que da vida a las personas que están en enemistad con Él y están muertas en delitos y pecados. Efesios 2:4-5 lo explica así: "Pero Dios, que es rico en misericordia, por su *gran amor* con que nos amó, aun estando nosotros muertos en pecados, nos dio vida juntamente con Cristo…". La grandeza del amor del Padre se magnifica en que da vida espiritual, es decir, nuevo nacimiento, a los que no tienen a Dios. Estábamos espiritualmente muertos y, en nuestra muerte, caminábamos al compás del archienemigo de Dios, el diablo (Ef. 2:2). La justicia divina hubiera estado bien servida si hubiéramos perecido para siempre en esa condición. Pero, por esa misma razón, nuestro nuevo nacimiento, el hecho de que fuéramos hechos vivos, es una exhibición magnífica de la grandeza del amor de Dios. Debemos nuestra vida espiritual, y todos sus impulsos, a la grandeza y la libertad del amor de Dios.

Ahora, este es el puente que nos lleva a 1 Juan 3:1-2: el gran amor de Dios por aquellos que todavía no son su familia.

> Mirad cuál amor nos ha dado el Padre [hay un vínculo con la grandeza del amor de Dios], para que seamos llamados hijos de Dios; por esto el mundo no nos conoce, porque no le conoció a él. Amados [¡somos amados!], ahora somos hijos de Dios, y aún no se ha manifestado lo que hemos de ser; pero sabemos que cuando él se manifieste, seremos semejantes a él, porque le veremos tal como él es.

Considera cuatro observaciones que conectan este texto con la grandeza del amor de Dios en Efesios 2:4 y con nuestra pregunta del capítulo anterior acerca de por qué necesitamos nacer de nuevo.

1. *Hechos hijos de Dios*

En primer lugar, cuando el versículo 1 dice que somos "llamados" hijos de Dios, no quiere decir que ya éramos hijos de Dios pero, como no nos llamaban así, Él nos llamó así. No, quiere decir que *no éramos* hijos de Dios. Éramos como el resto del mundo al que se hace referencia en el versículo 1. Estábamos muertos y fuera de la familia. Entonces Dios nos llamó "hijos". Y nos volvimos sus hijos. Versículo 1: "para que seamos llamados hijos de Dios...". El punto es el siguiente: Dios *nos hizo* sus hijos. Lo hizo con su llamamiento soberano, la manera como levantó a Lázaro de entre los muertos. Simplemente lo llamó. Y el llamamiento le impartió vida (Jn. 11:43). Ese es el nuevo nacimiento. Dios nos dio vida tal como lo hizo en Efesios 2:5.

2. *La grandeza del amor de Dios*

En segundo lugar, este nuevo nacimiento en la familia de Dios se debe a la grandeza de su amor aquí en 1 Juan 3, igual que en Efesios 2:4-5: "Mirad [¡Fíjense! ¡Esto es asombroso!] cuál *amor* nos ha dado el Padre, para que seamos llamados hijos de Dios...". Juan estaba asombrado, así como lo estaba Pablo (como deberíamos estarlo nosotros), de que siendo rebeldes, enemigos y muertos, esclavos insensibles del pecado como nosotros, fuéramos hechos vivos, nacidos de nuevo y llamados hijos de Dios. Juan quería que sintiéramos la maravilla de ello. Por eso comienza diciendo: "Mirad".

3. *Nuestra perfección final asegurada*

En tercer lugar, ese asombroso amor de Dios que nos dio vida cuando estábamos muertos, y nos hizo nacer de nuevo y nos trajo a la familia del Señor, asegura nuestra perfección final en su presencia para siempre. Nota la forma en que el versículo 2 conecta tres cosas: el amor de Dios por nosotros, nuestra vida presente como hijos suyos y el futuro que anhelamos: "Amados, ahora somos hijos de Dios, y aún no se ha manifestado lo que hemos de ser; pero sabemos que cuando él se manifieste, seremos semejantes a él, porque le veremos tal como él es".

Juan ve un vínculo inquebrantable entre lo que somos ahora y lo que seremos cuando Cristo venga. Lo expresa con las palabras "sabemos". "Amados, ahora somos hijos de Dios, y aún no se ha manifestado lo que hemos de ser [nuestra perfecta conformidad a Cristo]; pero sabemos que cuando él se manifieste, seremos semejantes a él, porque le veremos tal como él es".

En otras palabras, la perfección de nuestra calidad de hijos vendrá con toda seguridad. Sabemos que sí. ¿Cómo? Debido a su amor, somos sus hijos ahora. Y lo único que falta en nuestra adopción es la consumación de nuestra transformación cuando veamos a Jesús cara a cara. Su presencia la completará para todos los hijos de Dios. Y "ahora somos hijos de Dios".

4. *La necesidad del nuevo nacimiento*

A estas alturas, ya podemos ver cómo Juan comienza a abordar la pregunta del capítulo anterior: ¿Qué nos perderemos si no nacemos de nuevo? Nuestra cuarta observación es sencillamente hacer explícito algo obvio en lo que hemos dicho hasta ahora. El nuevo nacimiento es un prerrequisito necesario y una garantía de nuestra futura perfección en la presencia de Cristo para siempre. O, para decirlo como lo hizo Jesús: "De cierto, de cierto te digo, que el que no naciere de nuevo, no puede ver el reino de Dios". Pero si tú *naces* de nuevo, *verás* el reino de Dios. O para usar las palabras de 1 Juan 3, *verás* a Cristo cara a cara, serás perfeccionado y pasarás la eternidad con gozo en su presencia.

Aquí tenemos la respuesta de Juan a la pregunta *¿Por qué nos es necesario nacer de nuevo?* Porque si no naces de nuevo, no podrás mirar a Jesús un día y, en un abrir y cerrar de ojos, ser transformado a su imagen. Más bien permanecerás bajo la ira de Dios (como lo dice Jesús en Jn. 3:36). O, para decirlo de una manera positiva, si el amor inconmensurable de Dios te hace nacer de nuevo y te da nueva vida espiritual en unión con Jesús, sabes que cuando Él aparezca, serás como Él. Debido al nuevo nacimiento, sabes que entrarás en el reino de Dios. Por eso nos es necesario nacer de nuevo.

El nacimiento de Jesús y nuestro nuevo nacimiento

Ahora también estamos en posición de contestar la otra pregunta que plantea este capítulo orientado a la Navidad: ¿Cuál es la conexión entre el nacimiento de *Jesús* y *nuestro* nuevo nacimiento? ¿Cuál es la relación entre la *encarnación* de Jesús y nuestra *regeneración*? ¿No pudo Dios simplemente haber hecho que los pecadores nacieran de nuevo y luego conformarlos a su propio corazón en el cielo, sin enviar a su Hijo al mundo? ¿Tenía que haber una encarnación del Hijo de Dios, una vida perfecta de obediencia y una muerte en la cruz?

La respuesta es: el nuevo nacimiento y todos sus efectos, incluidas la fe, la justificación, la purificación y la conformidad final a Cristo en el cielo, no serían posibles sin la encarnación, la vida y la muerte de Jesús, sin Navidad, Viernes Santo y Domingo de Resurrección.

Tenemos una vislumbre de esto aquí, en la Primera Epístola de Juan.

Nacido de nuevo para mirar al Dios hombre y creer en Él

Primero, consideremos que el objetivo del nuevo nacimiento es capacitarnos para creer específicamente en Jesucristo *encarnado*.

Si no hubiera un Jesucristo encarnado en el cual creer, no habría nuevo nacimiento. Fíjate en 1 Juan 5:1: "Todo aquel que cree que Jesús es el Cristo [es decir, todo el que cree que este judío encarnado de Nazaret es el divino Mesías prometido], es nacido de Dios…". Eso significa que el Espíritu Santo hace que las personas nazcan de nuevo con la intención de crear fe en el Dios hombre encarnado, Jesucristo (véase 1 Jn. 4:2-3). Ese es el objetivo del nuevo nacimiento. Y así, la fe en Jesucristo es la primera prueba de que el nuevo nacimiento ha sucedido: "Todo aquel que cree que Jesús es el Cristo, es nacido de Dios". La fe es la señal de que el nuevo nacimiento ha sucedido.

Nueva vida mediante la unión con el encarnado

Pero esa no es la única razón por la que la encarnación es necesaria para el nuevo nacimiento. La encarnación del Hijo de Dios también es necesaria porque la vida que tenemos mediante el nuevo nacimiento es *vida en unión con el Cristo encarnado*. Jesús dijo: "Yo soy el pan vivo que descendió del cielo; si alguno comiere de este pan, vivirá para siempre; y el pan que yo daré es mi carne, la cual yo daré por la vida del mundo" (Jn. 6:51). Esa vida que tenemos en unión con Cristo es la vida que Jesús obtuvo por nosotros por medio de la vida que Él vivió y la muerte que murió en la carne.

Considera 1 Juan 5:10-12 y ten en cuenta mientras lees que el Hijo de Dios aquí es el Hijo de Dios encarnado: "El que cree en el Hijo de Dios, tiene el testimonio en sí mismo… Y este es el testimonio: que Dios nos ha dado vida eterna; y esta vida está en su Hijo. El que tiene al Hijo, tiene la vida; el que no tiene al Hijo de Dios no tiene la vida".

En otras palabras, el nuevo nacimiento nos da vida porque nos conecta espiritualmente con Jesucristo. Él es nuestra vida. Su vida nueva en nosotros, con todos los cambios que trae, es el testimonio de Dios de que somos sus hijos. Y esa vida es la vida del Hijo de Dios encarnado: "Y aquel Verbo fue hecho carne, y habitó entre nosotros… Porque de su plenitud [la plenitud del encarnado] tomamos todos, y gracia sobre gracia" (Jn. 1:14-16). Eso es nuevo nacimiento, nueva vida.

Sin encarnación no hay regeneración

Entonces, si no hubiera encarnación (sin Navidad), no habría regeneración por estas dos razones: 1) Si no hubiera encarnación, no habría Jesucristo encarnado a quien mirar y en quien creer, y ese es el objetivo del nuevo nacimiento. El nuevo nacimiento no sucedería. 2) Si no hubiera encarnación, no habría unión vital ni conexión entre nosotros y el Cristo encarnado, y el nuevo nacimiento abortaría porque no habría fuente para una vida salvadora y perdonadora.

El cristianismo no es una especie de espiritualidad que flota de manera amorfa a través de varias religiones. Está históricamente arraigada en la persona de Jesucristo. Por tanto, las Escrituras dicen: "El que tiene al Hijo, tiene la vida; el que no tiene al Hijo de Dios no tiene la vida" (1 Jn. 5:12). "El que no honra al Hijo, no honra al Padre que le envió" (Jn. 5:23). "y el que me desecha a mí —dijo Jesús— desecha al que me envió" (Lc. 10:16). Si no hay encarnación, no hay unión con el Hijo ni con el Padre, y sin regeneración, no hay salvación.

Encarnación y purificación

Así, sin la encarnación del Hijo de Dios como Mesías, no habría regeneración y no habría fe salvadora. Y podríamos añadir brevemente que no habría justificación ni purificación. Y sin estos, no habría glorificación final. Ya puedes ver las conexiones con la justificación y la purificación en 1 Juan 3:3-5:

> Y todo aquel que tiene esta esperanza en él [en otras palabras, todo hijo de Dios a quien se le asegura que será hecho como Cristo cuando Él venga] se purifica a sí mismo, así como él es puro. Todo aquel que comete pecado, infringe también la ley; pues el pecado es infracción de la ley. Y sabéis que él apareció para quitar nuestros pecados, y no hay pecado en él.

Tanto la justificación como la purificación están implícitas aquí. La purificación está explícita. Juan dice: Si has experimentado el nuevo nacimiento, te encantará el día en que Cristo aparezca y anhelarás el día en que tú seas transformado a su semejanza perfecta (como dice el versículo 2, "cuando él se manifieste, seremos semejantes a él..."). Y luego Juan dice en el versículo 3: "Y todo aquel que tiene esta esperanza en él, *se purifica* a sí mismo, así como él es puro". Eso quiere decir que todo aquel que ama el día de su purificación final ama la pureza ahora, aborrece la impureza ahora y lucha contra el pecado ahora.

Todo esto significa que el nuevo nacimiento, que despierta la fe y nos llena de amor por ese último gran día de purificación, produce la lucha por la pureza. Y así, puesto que no hay regeneración sin la encarnación, no habrá purificación ahora ni pureza total semejante a Cristo al final si no hay encarnación.

El cristianismo no es el programa general de la transformación moral que caracteriza a la mayoría de las religiones. La transformación que exige está históricamente arraigada en la persona de Jesucristo. El nuevo nacimiento despierta la fe en Él. Y Él, el encarnado, asegura nuestra purificación final. Y nosotros, con esa esperanza inquebrantable en Él, nos purificamos porque Él es puro.

Encarnación y justificación

Ciertamente, esto nos deja una gran obra de Cristo que considerar: la justificación. Se hace alusión a ella en 1 Juan 3:4-5. Justo después de decir que los que nacen de nuevo se purifican a sí mismos como Cristo es puro, Juan dice algo acerca del pecado que parece salir de la nada. Dice: "Todo aquel que comete pecado, infringe también la ley; pues el pecado es infracción de la ley. Y sabéis que él apareció para quitar nuestros pecados, y no hay pecado en él".

¿Cuál es el propósito de decirnos de repente que "el pecado es infracción de la ley" y que, por tanto, todos los pecados son infracción de la ley, y luego añadir que Cristo apareció "para quitar nuestros pecados"? Creo que el objetivo es dejar claramente establecido que la gran obra de Cristo al salvarnos del pecado no es solo una obra de purificación.

El lenguaje de limpieza y purificación lidia con una enorme y terrible dimensión de nuestro pecado, es decir, que todo pecado es infracción de la ley. No solamente caemos en una contaminación que tiene que ser purificada, sino que caemos en una culpa que debe ser perdonada, y en una ira que debe ser propiciada, y en que no alcanzamos la justicia que Dios requiere.

Por eso dice en los versículos 4-5 que el pecado es infracción de la ley. Tú sabes que Cristo apareció "para quitar nuestros pecados". Ese "quitar nuestros pecados" no es una mera limpieza. Es la obra de Cristo que quita la culpa del pecado y la ira de Dios que el pecado merece. ¿Y cómo hizo Cristo eso? Lo hizo mediante su encarnación, vida y muerte. Aquí hay dos textos de 1 Juan que muestran cómo el apóstol pensó en esto.

En primer lugar, 1 Juan 4:10: "En esto consiste el amor: no en que nosotros hayamos amado a Dios, sino en que él nos amó a nosotros, y envió a su Hijo en propiciación por nuestros pecados". Él envió a su Hijo —es decir, la encarnación— a morir en nuestro lugar para absorber así la ira divina que nosotros merecíamos. Eso es lo que significa propiciación: es un acto que satisface la ira santa de Dios. Debido al Cristo crucificado, la ira punitiva de Dios se aleja para siempre de los que nacen de nuevo.

En segundo lugar, 1 Juan 2:1: "Hijitos míos, estas cosas os escribo para que no pequéis; y si alguno hubiere pecado, abogado tenemos para con el Padre, a Jesucristo el justo". ¿Por qué se llama a Jesús en el cielo explícitamente "el justo" cuando se lo describe como el Abogado que necesitamos por causa de nuestro pecado? Es porque lo que Él promete delante del Padre no es solamente su sangre, sino también su justicia. Razón por la cual 1 Juan 3:5 dice: "…y no hay pecado en él". Jesucristo proporcionó la perfección que nosotros no tenemos, llevó el juicio que no queremos.

La Navidad no era opcional

Todas estas noticias inefablemente maravillosas no podrían haber sucedido si el Hijo de Dios nunca se hubiera hecho hombre. La encarnación era necesaria para que todo esto se convirtiera en realidad. El Hijo de Dios se hizo Dios hombre. El Verbo se hizo carne (Jn. 1:14). Si no hubiera habido encarnación, no habría habido regeneración, ni fe, ni justificación, ni purificación ni glorificación final.

La Navidad no era opcional. Pero Dios, que es rico en misericordia, por su gran amor con que nos amó, aun estando nosotros muertos en pecados, envió a su Hijo al mundo a vivir sin pecado y a morir en nuestro lugar. ¡Qué gran amor nos ha mostrado el Padre! ¡Qué gran obediencia y sacrificio dio el Señor Jesús por nosotros! ¡Qué gran despertar ha obrado el Espíritu en nosotros para llevarnos a la fe y a la vida eterna!

Parte III

¿Cómo se produce el nuevo nacimiento?

Por tanto, ceñid los lomos de vuestro entendimiento, sed sobrios, y esperad por completo en la gracia que se os traerá cuando Jesucristo sea manifestado; como hijos obedientes, no os conforméis a los deseos que antes teníais estando en vuestra ignorancia; sino, como aquel que os llamó es santo, sed también vosotros santos en toda vuestra manera de vivir; porque escrito está: Sed santos, porque yo soy santo. Y si invocáis por Padre a aquel que sin acepción de personas juzga según la obra de cada uno, conducíos en temor todo el tiempo de vuestra peregrinación; sabiendo que fuisteis rescatados de vuestra vana manera de vivir, la cual recibisteis de vuestros padres, no con cosas corruptibles, como oro o plata, sino con lu sangre preciosa de Cristo, como de un cordero sin mancha y sin contaminación, ya destinado desde antes de la fundación del mundo, pero manifestado en los postreros tiempos por amor de vosotros, y mediante el cual creéis en Dios, quien le resucitó de los muertos y le ha dado gloria, para que vuestra fe y esperanza sean en Dios. Habiendo purificado vuestras almas por la obediencia a la verdad, mediante el Espíritu, para el amor fraternal no fingido, amaos unos a otros entrañablemente, de corazón puro; siendo renacidos, no de simiente corruptible, sino de incorruptible, por la palabra de Dios que vive y permanece para siempre. Porque: Toda carne es como hierba, y toda la gloria del hombre como flor de la hierba. La hierba se seca, y la flor se cae; mas la palabra del Señor permanece para siempre. Y esta es la palabra que por el evangelio os ha sido anunciada.

1 Pedro 1:13-25

6

Rescatado, levantado y llamado

Una de las cosas perturbadoras acerca del nuevo nacimiento, que Jesús dice que todos debemos experimentar para ver el reino de Dios (Jn. 3:3), es que no lo podemos controlar. No decidimos que suceda, así como un bebé no decide que su nacimiento suceda, o de manera más exacta, que su concepción suceda. O más precisamente aún: no decidimos que suceda como tampoco los muertos pueden decidir darse vida a sí mismos. La razón por la que necesitamos nacer de nuevo es que estamos muertos en delitos y pecados. Por eso necesitamos el nuevo nacimiento, y por eso no podemos hacer que suceda. Esa es una razón por la que hablamos de la gracia *soberana* de Dios. O mejor aún: esa es una razón por la que *amamos* la gracia soberana de Dios.

Nuestra condición ante el nuevo nacimiento es que atesoramos tanto el pecado y la exaltación propia que no podemos atesorar a Cristo de manera suprema. En otras palabras, somos tan rebeldes en la raíz de nuestra naturaleza humana que no podemos, por nosotros mismos, humillarnos para ver y apreciar a Jesucristo por encima de todas las cosas. Y somos culpables de eso. Ese es un mal real en nosotros. Somos dignos de culpa por esa dureza y muerte espiritual. Nuestras conciencias no nos excusan por ser tan resistentes a Cristo que no podemos verlo como supremamente atractivo.

FUEGO Y CALOR INSEPARABLES

Algo tiene que sucedernos *a* nosotros. Jesús dijo que nos es necesario nacer de nuevo (Jn. 3:3). El Espíritu Santo tiene que obrar un milagro en nuestro corazón y darnos nueva vida espiritual. Estamos muertos y necesitamos que nos den vida. Necesitamos oídos que puedan escuchar la verdad como supremamente deseable, y necesitamos ojos que vean a Cristo y su camino de salvación hermoso en su plenitud. Necesitamos corazones que sean blandos y receptivos a la palabra de Dios. En resumen, necesitamos nueva vida. Necesitamos nacer de nuevo.

La manera en que esto sucede, como hemos visto hasta ahora, es que el Espíritu de Dios nos da nueva vida espiritual de manera sobrenatural, porque nos conecta con Jesucristo mediante la fe. La nueva vida espiritual que recibimos en el nuevo nacimiento no está separada de la unión con Jesús y no está separada de la fe. Cuando Dios, por las riquezas de su misericordia, la grandeza de su amor y la soberanía de su gracia, decide regenerarnos, nos da nueva vida uniéndonos con Cristo: "Dios nos ha dado vida eterna; y esta vida está en su Hijo" (1 Jn. 5:11). Nuestra primera experiencia de esto es la fe en Jesús que da esa vida. No hay separación de tiempo aquí. Cuando nacemos de nuevo, creemos. Y cuando creemos, sabemos que hemos nacido de nuevo. Donde hay fuego, hay calor. Donde hay nuevo nacimiento, hay fe.

Y AHORA LA PREGUNTA ¿CÓMO?

Nos hemos centrado hasta ahora en dos preguntas: *¿Qué es el nuevo nacimiento?* y *¿Por qué necesitamos nacer de nuevo?* Ahora vamos a la tercera pregunta: *¿Cómo nacemos de nuevo?* o *¿Cuál es la manera en que nacemos de nuevo?* Aquí estoy haciendo la pregunta desde el lado de Dios y desde nuestro lado. ¿Cómo lo hace Dios? ¿Y cómo lo hacemos nosotros? ¿Cómo nos regenera Dios? ¿Cómo participamos y cómo nos involucramos en ello?

Puede que pienses que creo que no tenemos participación alguna en el asunto porque estamos espiritualmente muertos. Sin embargo, los muertos participan mucho en su resurrección. Después de todo, ¡resucitan! A continuación, un ejemplo de lo que quiero decir. Cuando Jesús se paró delante del sepulcro de Lázaro, quien había estado muerto durante cuatro días, Lázaro no participó en la impartición de su nueva vida. Estaba muerto. Jesús, no Lázaro, creó la nueva vida.

En Juan 11:43, Jesús dice al Lázaro muerto: "¡Lázaro, ven fuera!". Y el versículo siguiente dice: "Y el que había muerto salió…". Por lo tanto, Lázaro participa de esa resurrección. Él sale. Cristo la produce. Lázaro lo hace. Él es quien resucita de entre los muertos. Cristo produce la resurrección. Lázaro pone en práctica la resurrección. En el instante en que Cristo ordena a Lázaro que salga, este resucita. En el instante en que Dios nos da nueva vida, nosotros vivimos. En el instante en que el Espíritu produce fe, nosotros creemos.

Por eso hago dos preguntas, y no solo una, cuando digo: *¿Cómo nacemos de nuevo?* Pregunto: ¿Qué hace Dios en nuestro nuevo nacimiento? ¿Cómo nacemos de nuevo del lado de Dios? Y también pregunto: ¿Qué hacemos nosotros en nuestro nuevo nacimiento? ¿Cómo nacemos de nuevo de nuestro lado? La primera pregunta que abordaremos en este capítulo es: ¿Cómo nacemos de nuevo del lado de Dios? ¿Cómo nos regenera Dios?

¿Cómo nos regenera Dios?

La respuesta se da, al menos, de tres formas en 1 Pedro 1:3-25:

- En primer lugar, el versículo 3 dice que Dios nos hizo nacer de nuevo "por la resurrección de Jesucristo de los muertos".

- En segundo lugar, el versículo 23 dice que Dios nos hizo nacer de nuevo "por la palabra de Dios que vive y permanece para siempre". O, como lo indica el versículo 15, Dios nos llamó.

- Y, en tercer lugar, el versículo 18 dice que Dios nos rescató de nuestra vana manera de vivir que recibimos de nuestros padres.

La incorruptibilidad une los tres

Antes de examinar esto con más detalle, notemos primero lo que hace que estos tres acontecimientos permanezcan juntos como la manera de Dios de producir el nuevo nacimiento. En estas tres obras de Dios, hay una referencia a la *incorruptibilidad*. Versículos 3-4:

> Bendito el Dios y Padre de nuestro Señor Jesucristo, que según su grande misericordia nos hizo renacer para una esperanza viva, por la resurrección de Jesucristo de los muertos, para una herencia incorruptible...

Eso significa que mediante el nuevo nacimiento, Dios quiere que tengamos no solo vida nueva, sino vida eterna. Versículo 3: "nos hizo renacer para *una esperanza viva*...". De manera que el énfasis recae en la *esperanza* de nuestra nueva vida. Vive: no morirá. Hereda una herencia *incorruptible*. Ese es el énfasis. Nuestra nueva vida en el nuevo nacimiento es para siempre. Nunca moriremos.

Luego, observa el mismo énfasis en los versículos 18-19:

> sabiendo que fuisteis rescatados de vuestra vana manera de vivir, la cual recibisteis de vuestros padres, no con cosas corruptibles, como oro o plata, sino con la sangre preciosa de Cristo, como de un cordero sin mancha y sin contaminación.

La sangre de Cristo (v. 19) es el precio del rescate pagado por nuestra vida, y esa sangre se compara con la plata y el oro, menos valiosos, que podrían haber sido usados como pago. La razón por la que la plata y el oro son menos valiosos es que son "corruptibles". Versículo 18: *"no con cosas corruptibles,* como oro o plata".

Reiteramos que el punto es que la nueva vida que Jesús rescata con su sangre no está en peligro de volver a la cautividad, porque el precio que Él paga por la nueva vida (nuestro nuevo nacimiento) no es corruptible.

La sangre de Cristo es de un valor infinito y, por tanto, su valor nunca se agota. Es un valor imperecedero. Es así como somos rescatados. Ese es el precio de la nueva vida que recibimos en el nuevo nacimiento. Y Jesús lo pagó por nosotros.

En tercer lugar, nota el mismo énfasis en la incorruptibilidad en el versículo 23: "Siendo renacidos, no de simiente corruptible, sino de incorruptible, por la palabra de Dios que vive y permanece para siempre". Después, Pedro cita a Isaías 40:6 en los versículos 24-25: "Porque: toda carne es como hierba, y toda la gloria del hombre como flor de la hierba. La hierba se seca, y la flor se cae; mas la palabra del Señor permanece para siempre. Y esta es la palabra que por el evangelio os ha sido anunciada". De manera que el punto es el mismo que con la resurrección en el versículo 3 y el rescate en el versículo 18: la simiente de la palabra de Dios es incorruptible y, por eso, la vida que genera y sostiene es incorruptible.

Ahora tenemos una perspectiva resumida del énfasis de Pedro en el nuevo nacimiento. El hincapié es que nacemos de nuevo para una esperanza viva. En otras palabras, la vida que Dios crea en el nuevo nacimiento es vida eterna, vida incorruptible. La nueva naturaleza que surge en el nuevo nacimiento no puede morir. Dura para siempre. Eso es lo que Pedro enfatiza acerca del nuevo nacimiento. La nueva naturaleza que surge nunca morirá. Creo que Pedro remarca esto porque el contexto dominante de esta carta es el sufrimiento. No te dejes desalentar por tu sufrimiento. Incluso si te quitan la vida física, no pueden quitarte la vida que tienes por el nuevo nacimiento. Eso es imperecedero.

Rescatado, levantado, llamado

Veamos ahora estas tres obras de Dios una vez más, solo que en esta ocasión vamos a ver cómo cada una de ellas es una manera de producir el nuevo nacimiento. Tomémoslas de una en una y pongámoslas en el orden en que en realidad sucedieron: 1) Dios nos rescató por medio de la sangre de Jesús; 2) Dios levantó a Jesús de entre los muertos; 3) Dios nos llamó a la vida mediante su palabra viva y permanente.

Los versículos 18-19: "Sabiendo que fuisteis rescatados de vuestra vana manera de vivir, la cual recibisteis de vuestros padres, no con cosas corruptibles, como oro o plata, sino con la sangre preciosa de Cristo, como de un cordero sin mancha y sin contaminación". El punto aquí, respecto al nuevo nacimiento, es que la nueva vida eterna no es posible para pecadores esclavizados sin el pago de un precio de rescate. Este texto implica que todos estábamos bajo yugo o cautivos de nuestros pensamientos, sentimientos y acciones, que nos hubieran destruido. Estábamos bajo la ira de Dios que nos había entregado a esas maneras vanas (Ro. 1:21, 24, 26, 28). La esclavitud de esos caminos pecaminosos nos destruiría si no pudiéramos ser rescatados. Dios pagó este precio de rescate enviando a Cristo a llevar su propia ira (Ro. 8:3; Gá. 3:13).

Ese es el fundamento sólido como una roca que hace posible nuestro nuevo nacimiento. Como base para que Dios nos uniera a Cristo y creara fe y nos diera nueva vida, era necesario que hubiera algún objetivo, acontecimientos históricos en la vida de Jesucristo, el Hijo de Dios. Él dijo en Marcos 10:45: "Porque el

90

Hijo del Hombre no vino para ser servido, sino para servir, y para dar su vida en rescate por muchos". Por eso sucedió el acontecimiento histórico de la encarnación.

El Hijo del Hombre vino "a dar su vida en rescate por muchos". Eso tenía que suceder como la base del regalo generoso del nuevo nacimiento para pecadores como nosotros que no se lo merecen. Y puesto que el nuevo nacimiento es el regalo de la vida eterna, no solo nueva vida, el precio de rescate tenía que ser incorruptible, no como la plata o el oro. La sangre de Cristo es de un valor infinito y, por tanto, nunca puede perder su poder de rescate. La vida que obtiene dura para siempre. Entonces, la forma en que Dios produce el nuevo nacimiento es pagando un rescate por la vida eterna que imparte.

El segundo acontecimiento histórico objetivo que tenía que suceder para que nosotros naciéramos de nuevo con vida eterna era la resurrección de Jesús de entre los muertos. Leemos en 1 Pedro 1:3-4:

> Bendito el Dios y Padre de nuestro Señor Jesucristo, que según su grande misericordia nos hizo renacer para una esperanza viva, por la resurrección de Jesucristo de los muertos, para una herencia incorruptible, incontaminada e inmarcesible, reservada en los cielos para vosotros.

"Nos hizo renacer… por la resurrección de Jesucristo de los muertos". La segunda manera en que Dios produce el nuevo nacimiento es resucitando a Jesús de entre los muertos.

El nuevo nacimiento es algo que sucede en nosotros cuando el Espíritu Santo toma nuestros corazones muertos y nos une a Cristo mediante la fe, para que su vida se convierta en nuestra vida. Por eso tiene sentido que Jesús deba ser levantado de entre los muertos si es que nosotros hemos de tener vida nueva en unión con Él. El nuevo nacimiento sucede, como vimos en el capítulo 5, en unión con el Cristo encarnado, no solamente el Hijo de Dios eterno antes de su encarnación. La nueva vida que recibimos en el nuevo nacimiento es la vida del Jesús histórico. Por tanto, si Él no resucita de entre los muertos, no hay nueva vida. Así que la segunda manera en que Dios produce el nuevo nacimiento es resucitando a Jesús de entre los muertos.

La tercera manera en que el Señor nos hace nacer de nuevo es llamándonos. En 1 Pedro 1:14-15 leemos: "Como hijos obedientes, no os conforméis a los deseos que antes teníais estando en vuestra ignorancia; sino, como aquel que os llamó es santo, sed también vosotros santos en toda vuestra manera de vivir". Pedro nos está diciendo que vivamos de una manera diferente ahora, debido a algo que nos sucedió en el pasado. Versículo 15: "como aquel que os llamó es santo, sed también vosotros santos en toda vuestra manera de vivir". Este acto de llamarnos es la manera en que Dios nos hace nacer de nuevo. Nos rescata con la sangre de Cristo, lo resucita de entre los muertos y nos llama a la vida en unión con Él. Para comprender qué nos sucedió cuando Dios nos llamó de esa manera, es útil distinguirlo del llamamiento general que se aplica a todo el mundo cuando se predica el evangelio. Considera los versículos 23-25: "Siendo renacidos, no de simiente corruptible, sino de incorruptible, por la palabra de Dios que vive y permanece para siempre". Aviso: el nuevo nacimiento sucede a través de la palabra de Dios. El versículo 25 dice que esta palabra de Dios "es la palabra que por el evangelio os ha sido anunciada".

Sin embargo, el evangelio es predicado a todo el mundo, pero no todos nacen de nuevo. Por eso hablamos de un llamamiento general de Dios a través del evangelio. El llamamiento general, la palabra predicada de Dios, el evangelio, entra por los oídos de todos los oyentes que están espiritualmente muertos. Pero no todos viven. ¿Por qué algunos viven y tienen fe? ¿Por qué algunos de los ciegos ven y algunos de los sordos oyen?

El llamamiento crea lo que ordena

La respuesta se afirma de muchas formas diferentes en el Nuevo Testamento. Una es aquí en el versículo 23: algunos nacen de nuevo de una simiente incorruptible por la palabra de Dios. El evangelio se predica a todo el mundo, y la simiente divina queda sembrada en algunos. Esa es una forma de decirlo. Otra es decir que algunos son *llamados*. Y ese llamamiento no es el mismo que el llamamiento general que todos reciben externamente en la predicación del evangelio. Más bien, es el llamamiento eficaz interno de la triunfante palabra de creación de Dios. Es el llamamiento de Jesús en la tumba de Lázaro. Él le dice a un muerto: "¡Lázaro, ven fuera!" (Jn. 11:43). Y el llamamiento crea lo que ordena.

Esa es la diferencia entre el llamamiento externo, general, que todos oyen cuando el evangelio se predica, y el interno, el llamamiento eficaz. El llamamiento interno es la voz soberana y creativa de Dios que no se puede detener. Crea lo que ordena. Dios habla no solo al oído y la mente, sino que habla al corazón. Su llamamiento interno de corazón abre los ojos del corazón ciego y los oídos del corazón sordo, y hace que Cristo aparezca como la persona supremamente valiosa que en realidad es. Así, el corazón acepta libre y con entusiasmo a Cristo, como el Tesoro que es. Eso es lo que Dios hace cuando nos llama mediante el evangelio (véase 1 P. 2:9; 5:10).

Tal vez el texto más claro de todos acerca del poder singular del llamamiento interno y eficaz sea 1 Corintios 1:22-24: "Porque los judíos piden señales, y los griegos buscan sabiduría; pero nosotros predicamos a Cristo crucificado, para los judíos ciertamente tropezadero, y para los gentiles locura; mas para los llamados, así judíos como griegos, Cristo poder de Dios, y sabiduría de Dios". Todos oyen el evangelio: judíos y griegos. Pero algunos judíos y algunos griegos experimentan algo en el evangelio: dejan de ver a Cristo como piedra de tropiezo y como locura. Más bien lo ven como "poder de Dios, y sabiduría de Dios". ¿Qué pasó? "para los llamados… Cristo poder de Dios, y sabiduría de Dios". El llamamiento soberano y creativo de Dios les abrió los ojos, y ellos vieron a Cristo por el poder y la sabiduría que Él es.

Esa es la tercera manera en que Dios nos hace nacer de nuevo. 1) Nos rescató del pecado y de la ira por la sangre de Cristo y pagó la deuda para que los pecadores tuviéramos vida eterna. 2) Levantó a Jesús de entre los muertos para que la unión con Él diera vida eterna que nunca se acaba. 3) Nos llamó de la oscuridad a la luz y de la muerte a la vida a través del evangelio, y nos dio ojos para ver y oídos para oír. Hizo brillar en nuestros corazones la luz de la gloria de Dios en la faz de Cristo a través del evangelio. Y creímos. Aceptamos a Cristo por el Tesoro que Él es.

Todas las cosas para bien

¡Ojalá que todo creyente entendiera la gloria de lo que le sucedió! ¿Sabes lo que Dios ha hecho por ti y en ti? Tú fuiste rescatado con la sangre incorruptible de Cristo. Fuiste levantado con Cristo de entre los muertos a una esperanza viva y eterna. Fuiste llamado de entre los muertos a la vida, como Lázaro, y viste a Cristo por el Tesoro que Él es. Tú naciste de nuevo. Lo recibiste y fuiste salvo.

Quizá la próxima vez que apliques Romanos 8:28 a una situación difícil en tu vida tengas nuevo poder por lo que hemos visto: "Y sabemos que a los que aman a Dios, todas las cosas les ayudan a bien, esto es, a los que conforme a su propósito son llamados". Si fuiste llamado, si naciste de nuevo, todas las cosas te ayudan a bien. Todas las cosas. Y si todavía no has nacido de nuevo, ¡oye el llamamiento! Escucha el llamamiento de Dios en este evangelio de Cristo y cree. Si recibes a Cristo por quien Él es, serás salvo de la ira de Dios, y Él obrará todas las cosas para tu bien eterno.

Recuérdales que se sujeten a los gobernantes y autoridades, que obedezcan, que estén dispuestos a toda buena obra. Que a nadie difamen, que no sean pendencieros, sino amables, mostrando toda mansedumbre para con todos los hombres. Porque nosotros también éramos en otro tiempo insensatos, rebeldes, extraviados, esclavos de concupiscencias y deleites diversos, viviendo en malicia y envidia, aborrecibles, y aborreciéndonos unos a otros. Pero cuando se manifestó la bondad de Dios nuestro Salvador, y su amor para con los hombres, nos salvó, no por obras de justicia que nosotros hubiéramos hecho, sino por su misericordia, por el lavamiento de la regeneración y por la renovación en el Espíritu Santo, el cual derramó en nosotros abundantemente por Jesucristo nuestro Salvador, para que justificados por su gracia, viniésemos a ser herederos conforme a la esperanza de la vida eterna. Palabra fiel es esta, y en estas cosas quiero que insistas con firmeza, para que los que creen en Dios procuren ocuparse en buenas obras. Estas cosas son buenas y útiles a los hombres.

Tito 3:1-8

7

Por el lavamiento de la regeneración

Nota la palabra *regeneración* en Tito 3:5: "nos salvó [es decir, Dios], no por obras de justicia que nosotros hubiéramos hecho, sino por su misericordia, por el lavamiento de la *regeneración* y por la renovación en el Espíritu Santo". *Regeneración* es otra forma de hablar acerca del *nuevo nacimiento*, o *segundo nacimiento* o de *nacer de nuevo*.

Ya hemos hablado de lo que es el nuevo nacimiento (capítulos 1–2) y por qué es necesario (capítulos 3–5). Luego, en el capítulo anterior, comenzamos a ver cómo sucede. En este capítulo, continuamos respondiendo: *¿Cómo produce Dios el nuevo nacimiento?* Pero antes, hay algunas señales muy importantes aquí acerca de lo que es y por qué lo necesitamos. Considera cada una de ellas.

Una nueva señal acerca de qué es el nuevo nacimiento

Considera una señal inusual de lo que es el nuevo nacimiento. La palabra para *regeneración* en el versículo 5 ("[Dios] nos salvó… por el lavamiento de la *regeneración*" [*palingenesias*]) se usa solamente en un lugar más en toda la Biblia, en Mateo 19:28. Jesús les dice a los doce apóstoles: "De cierto os digo que en la *regeneración* [*en te palingenesia*]), cuando el Hijo del Hombre se siente en el trono de su gloria, vosotros que me habéis seguido también os sentaréis sobre doce tronos, para juzgar a las doce tribus de Israel". Esa es una referencia al nuevo nacimiento de la creación. Es como decir: "…en los cielos nuevos y la nueva tierra" de los que Isaías habló en los capítulos 65:17 y 66:22.

Jesús concibe el nuevo nacimiento como algo que sucederá a toda la creación, no solo a los seres humanos. Los humanos no son la única parte de la realidad que está caída, contaminada y desordenada. Toda la creación lo está. ¿Por qué? La respuesta es que cuando los seres humanos pecaron al principio, Dios hizo de toda la creación una exhibición visible de los horrores del pecado. Enfermedades, degeneración, desastres naturales: todos forman parte de las imágenes visuales, audibles y palpables del escándalo moral de que el pecado haya entrado en el mundo y lo domine.

La creación material nacida de nuevo

El pasaje más importante de la Biblia sobre esto es Romanos 8:20-23. Y es importante para este capítulo porque confirma y aclara lo que Jesús dijo acerca de la creación y su "nuevo nacimiento", la "regeneración".

> Porque la creación [¡toda! No solamente las personas] fue sujetada a vanidad, no por su propia voluntad, sino por causa del que la sujetó en esperanza; [a saber, Dios, puesto que solamente Él puede sujetar la creación a vanidad en esperanza] porque también la creación misma será libertada de la esclavitud de corrupción, a la libertad gloriosa de los hijos de Dios. [Un día se producirá una grandiosa renovación y sucederá para que la creación se sume a los hijos de Dios en su gloriosa renovación]. Porque sabemos que toda la creación gime a una, y a una está con dolores de parto

hasta ahora; [ahí está la imagen del nuevo nacimiento, tal como lo dijo Jesús] y no solo ella, sino que también nosotros mismos, que tenemos las primicias del Espíritu, nosotros también gemimos dentro de nosotros mismos, esperando la adopción, la redención de nuestro cuerpo.

Entonces, si lo combinamos todo, la imagen se parece a algo así: el propósito de Dios es que toda la creación nazca de nuevo. Es decir, el universo completo reemplazará su vanidad, corrupción, enfermedad, degeneración y desastre con un nuevo orden total: un cielo nuevo y una tierra nueva. Esa será la regeneración grandiosa y universal; el nuevo nacimiento grandioso y universal.

Cuando Pablo usa esta palabra (regeneración, *palingenesias*) en Tito 3:5, quiere que veamos que nuestro nuevo nacimiento forma parte de eso. La novedad que tenemos gracias a nuestra regeneración es ahora las primicias (el pago inicial y la garantía) de la novedad aún más grandiosa que tendremos cuando nuestros cuerpos sean hechos nuevos como parte del universo que se está haciendo ahora. Pablo dijo en Romanos 8:23: "nosotros mismos, que tenemos las primicias del Espíritu [porque hemos nacido de nuevo por el Espíritu], nosotros también gemimos dentro de nosotros mismos, esperando la adopción, la redención de nuestro cuerpo".

De manera que cuando pienses en tu nuevo nacimiento, piensa en este como el primer pago de lo que vendrá. Tu cuerpo y el mundo entero formarán un día parte de esa regeneración. El propósito final de Dios no es almas renovadas espiritualmente que habitan en cuerpos deteriorados en un mundo asolado por las enfermedades y los desastres. Su propósito es un mundo renovado, con cuerpos renovados y almas renovadas que toman todos nuestros sentidos renovados y los convierten en un medio para disfrutar y alabar a Dios.

Cuando oigas la palabra *regeneración* en Tito 3:5, escúchala en toda su grandeza: "nos salvó [Dios], no por obras de justicia que nosotros hubiéramos hecho, sino por su misericordia, por el lavamiento de la regeneración y por la renovación en el Espíritu Santo". Cuando él dice en el versículo 7 que el objetivo del nuevo nacimiento es "para que justificados por su gracia, viniésemos a ser herederos conforme a la esperanza de la vida eterna", quiere decir herederos de todo, incluida la vida eterna: nuevos cielos, nueva tierra, nuevo cuerpo, nuevas relaciones perfeccionadas, nueva visión impecable de todo lo que es bueno y glorioso, y nuevas capacidades para un tipo de placer en Dios que sobrepasará todos nuestros sueños.

Esa es la nueva señal en Tito 3 de lo que es el nuevo nacimiento: es el primer pago de la regeneración total y definitiva del universo.

UNA NUEVA SEÑAL ACERCA DE POR QUÉ NECESITAMOS EL NUEVO NACIMIENTO

Luego tenemos una señal clara de *por qué* necesitamos esa regeneración. Se encuentra en Tito 3:3: "Porque nosotros también éramos en otro tiempo insensatos, rebeldes, extraviados, esclavos de concupiscencias y deleites diversos, viviendo en malicia y envidia, aborrecibles, y aborreciéndonos unos a otros". Esa no es una descripción de la creación material. Esa es una descripción del corazón humano. Esos son males *morales*, no males físicos. Insensatos. Rebeldes. Extraviados. Esclavos de concupiscencias. Malicia. Envidia. Aborrecimiento. Todos nos encontramos en esa lista, en alguna parte. La razón por la que necesitamos regeneración es que Dios no aceptará esos corazones en su nueva creación. Tal como lo dijo Jesús, a menos que nazcamos de nuevo, no veremos el reino de Dios (Jn. 3:3). Por eso todos debemos nacer de nuevo. Tenemos que ser transformados.

EL SIGNIFICADO DE LA GRACIA: PERO DIOS...

Después llega una de las frases más preciosas de la Biblia (v. 4): *Pero... Dios.* Éramos insensatos, rebeldes, extraviados, esclavos de concupiscencias, maliciosos, envidiosos, aborrecidos y aborrecedores. *Pero... Dios...* "*Pero* cuando se manifestó la bondad de *Dios* nuestro Salvador, y su amor para con los hombres [¡Dios!] nos salvó...".

Esa es la misma asombrosa secuencia de lo que vimos en Efesios 2:3-5:

> Entre los cuales también todos nosotros vivimos en otro tiempo en los deseos de nuestra carne, haciendo la voluntad de la carne y de los pensamientos, y éramos por naturaleza hijos de ira, lo mismo que los demás. Pero Dios, que es rico en misericordia, por su gran amor con que nos amó, aun estando nosotros muertos en pecados, nos dio vida juntamente con Cristo (por gracia sois salvos).

Estábamos muertos, pero Dios nos dio vida. Ese es el significado de la gracia. Los muertos no pueden hacer nada para darse vida. Pero Dios...

Eso es lo que tenemos aquí en Tito 3:3-5. Éramos esclavos de deseos y placeres que eran tan potentes que no podíamos gustar ni ver que el Señor era bueno. En lo que respecta a nuestra capacidad de conocer, confiar y amar a Dios, estábamos muertos. Pero... Dios. Versículos 4-5: "Pero cuando se manifestó la bondad de Dios nuestro Salvador, y su amor para con los hombres, nos salvó, no por obras de justicia que nosotros hubiéramos hecho, sino por su misericordia, por el lavamiento de la regeneración y por la renovación en el Espíritu Santo".

¿CÓMO? POR EL LAVAMIENTO Y LA RENOVACIÓN

Ahora vamos a la tercera pregunta: *¿Cómo* lo hace Dios? ¿Cómo sucede el nuevo nacimiento? Así como vimos en las palabras de Jesús en Juan 3, Pablo describe la regeneración como una *limpieza* y una *renovación*. Al final de Tito 3:5, el apóstol dice que

Dios nos salvó "...por el *lavamiento* de la regeneración y por la *renovación* en el Espíritu Santo". La regeneración es una especie de *lavamiento*. Y también es una especie de *renovación*.

Recuerda que Jesús dijo en Juan 3:5: "el que no naciere de agua y del Espíritu, no puede entrar en el reino de Dios". Nota el pensamiento paralelo en Tito 3:5: fuiste salvo por el lavamiento de la regeneración y por la renovación en el Espíritu Santo.

Mi argumento en el capítulo 2 concerniente a Juan 3 era que ese lenguaje de agua y Espíritu vino de Ezequiel 36:25-27, donde Dios promete a su pueblo:

> Esparciré sobre vosotros agua limpia, y seréis limpiados de todas vuestras inmundicias; y de todos vuestros ídolos os limpiaré. Os daré corazón nuevo, y pondré espíritu nuevo dentro de vosotros... Y pondré dentro de vosotros mi Espíritu, y haré que andéis en mis estatutos...

Jesús estaba diciendo algo así: "Ha llegado el momento de las promesas del Nuevo Pacto. La promesa de Ezequiel se está cumpliendo por el Espíritu en relación conmigo. El Espíritu da vida (Jn. 6:63). Y Yo soy el camino, la verdad y la vida (Jn. 14:6). Y cuando el Espíritu te conecta conmigo mediante la fe, experimentas un nuevo nacimiento. Y hay al menos dos formas de verlo: *limpieza* de todo lo pasado y *renovación* de todo lo futuro".

De manera que cuando Pablo dice aquí en Tito 3:5 que Dios "nos salvó... por el lavamiento de la regeneración y por la renovación en el Espíritu Santo", quiere decir más o menos lo mismo que dijo Jesús: las promesas del Nuevo Pacto han llegado. El comienzo del reino de Dios está aquí. La "regeneración" universal definitiva ha comenzado. Y tu nuevo nacimiento es una limpieza de todos los pecados que cometiste. También es la creación de una nueva naturaleza por el Espíritu Santo. Sigues siendo tú después del nuevo nacimiento. Pero han cambiado dos cosas: eres limpio y eres nuevo. Eso es lo que significa nacer de nuevo, ser regenerado.

¿Cómo hizo Dios eso? Lo que Pablo quiere enfatizar aquí es que esto es posible gracias a la manera de ser de Dios, no gracias a lo que nosotros hayamos hecho, ni siquiera en justicia. Los versículos 4-5 dan tres descripciones de cómo es Dios y lo compara con cualquier cosa que podríamos tratar de hacer para nacer de nuevo: "Pero cuando se manifestó la bondad de Dios nuestro Salvador, y su amor para con los hombres, nos salvó, no por obras de justicia que nosotros hubiéramos hecho, sino por su misericordia, por el lavamiento de la regeneración y por la renovación en el Espíritu Santo".

La salvación es la gran idea dominante en este texto ("Él nos salvó", v. 5). Pero la manera específica como lo hace es la regeneración. Y Pablo conecta ambas cosas con la "bondad" de Dios, con su "amor" (v. 4) y con su "misericordia" (v. 5). Esa es la respuesta definitiva de Pablo a cómo Él regenera a los pecadores. Dios es bueno. Dios es amor. Dios es misericordioso.

POR LA MISERICORDIA DE DIOS

Si has nacido de nuevo, si fuiste despertado de la muerte espiritual, si recibiste ojos para ver, oídos para oír y un sentido espiritual para gustar que Jesús nos satisface de manera suprema, y si recibiste un corazón para confiar en Él, fue gracias a la misericordia de Dios. La primera palabra clave del versículo 4 (*chrestotes*) significa *misericordia* o *bondad*. Pablo la usa en Efesios 2:7: "[Dios nos dio vida] para mostrar en los siglos venideros las abundantes riquezas de su gracia en su *bondad* para con nosotros en Cristo Jesús".

A Dios le encanta derramar bondad abundante sobre nosotros. Cuanto mayor sea tu concepto de Dios, más asombroso es esto. Él es el creador del universo. Sostiene las galaxias en su lugar.

Gobierna todo lo que sucede en el mundo, hasta la caída de un pajarillo y la cantidad de cabellos que tienes (Mt. 10:29-30). Es infinitivamente fuerte, sabio, santo y justo. Y, asombrosamente, es bueno: "Pero cuando se manifestó la bondad de Dios…" (Tit. 3:4). Y, gracias a esa bondad, nosotros nacimos de nuevo. Que tu existencia misma como cristiano te diga cada hora de cada día: Dios es bueno contigo.

Por la filantropía de Dios

La segunda manera en que Pablo describe la naturaleza de Dios, que da lugar a la regeneración que produce en nosotros, se traduce en la Nueva Biblia de las Américas como "amor hacia la humanidad". La palabra griega es *philanthropia*, de la cual obtenemos la palabra *filantropía*: amor a la humanidad. Esa no es una palabra común en la Biblia para referirse al amor de Dios. De hecho, ocurre únicamente aquí en el Nuevo Testamento. Pablo dice que el corazón del Padre se inclina a hacer bien a la humanidad. Él es, en el sentido más alto posible, un filántropo. Por lo tanto, Pablo está diciendo que, si naciste de nuevo, sucedió debido a la inclinación de Dios a bendecir a la humanidad.

Luego dice algo absolutamente esencial y que exalta a Cristo. Dice en el versículo 4 que esa bondad y esa inclinación a bendecir a la humanidad "se manifestaron": "Pero cuando se manifestó la bondad de Dios nuestro Salvador, y su amor para con los hombres, nos salvó… por el lavamiento de la regeneración…". ¿Qué significa eso? La bondad y el amor de Dios se manifestaron. Eso significa que si, sencillamente, se quedaran ahí en el ser de Dios y no descendieran a tomar forma humana entre nosotros, no salvarían a nadie.

¿Cómo se manifestaron? ¿Cómo la bondad y el amor de Dios se manifestaron? La respuesta se encuentra notando que Dios es llamado "nuestro Salvador" en el versículo 4 ("se manifestó la bondad de Dios"). Y Jesús es llamado "nuestro Salvador" en el versículo 6: "el cual [es decir, el Espíritu] derramó [Dios] en nosotros abundantemente por Jesucristo nuestro Salvador". En otras palabras, Dios "nuestro Salvador" se manifestó en la persona de Cristo "nuestro Salvador". Jesús mismo es la manifestación de la bondad y el amor de Dios.

Eso quiere decir que nuestra regeneración se debe a la obra histórica de Cristo. Eso lo hemos visto muchas veces en este libro. El nuevo nacimiento no es un cambio espiritual vago desconectado de la historia. Es un acto histórico objetivo del Espíritu de Dios que nos conecta mediante la fe al Señor Jesucristo histórico, encarnado, que se manifestó, para que la vida que ahora tiene como Salvador crucificado y resucitado se haya convertido en nuestra vida porque estamos unidos a Él. El nuevo nacimiento sucede porque Jesús vino al mundo en forma de bondad y amor de Dios, murió por los pecados y resucitó.

Por la misericordia de Dios, no por nuestras obras

El tercer aspecto de la naturaleza de Dios que explica nuestro nuevo nacimiento es su misericordia. Pablo lo menciona para decir claramente que debemos comparar la misericordia de Dios con nuestras propias obras como la base de cómo sucede la regeneración. Versículo 5: "nos salvó, *no por obras de justicia que nosotros hubiéramos hecho*, sino *por su misericordia*, por el lavamiento de la regeneración y por la renovación en el Espíritu Santo".

Si has nacido de nuevo, se lo debes a la misericordia de Dios. Él es misericordioso. Nosotros no merecíamos nacer de nuevo. Éramos duros y reticentes, y estábamos espiritualmente muertos. Dios hubiera sido justo si nos hubiera ignorado: "Pero Dios, que es rico en misericordia… aun estando nosotros muertos en pecados, nos dio vida juntamente con Cristo…" (Ef. 2:4-5).

Debemos nuestra nueva vida, nuestro nuevo nacimiento, a la misericordia.

No a nuestras mejores obras ni buenos motivos

Dios es bondadoso. Dios ama a la humanidad. Dios es misericordioso. Fue así como nacimos de nuevo. Dios lo hizo. Pablo lo pudo haber dejado ahí. Solo afirmaciones positivas. Pero no fue así. El apóstol tenía la carga de negar algo. Lo dijo en el versículo 5: "nos salvó, *no por obras de justicia que nosotros hubiéramos hecho...*". Pablo conoce nuestras tendencias. Solemos pensar que si algo bueno nos sucede, debe ser porque hicimos algo bueno. Pablo sabe eso sobre nosotros. Y nos advierte al respecto.

Cuando se trata de la salvación a través del nuevo nacimiento, no pienses así. Nota detenidamente que él no dice: "Esta salvación no se debió a obras hechas en legalismo", sino que dice: "Esta salvación, este nuevo nacimiento, no se debe a obras hechas en justicia". No solo a tus peores obras y peores motivos, sino que incluso tus mejores obras y excelentes motivos quedan excluidos. Estos no te regeneraron; no te hacen permanecer regenerado. Es al revés. Permanecer regenerado produce esas obras.

Esa es una de las razones por las que no creemos que "el lavamiento de la regeneración" del versículo 5 se refiera al bautismo. Ya sea la circuncisión en el Antiguo Pacto o el bautismo en el Nuevo Pacto, no se trata de las buenas cosas que hagamos, ni siquiera de los sacramentos. Eso no nos hace nacer de nuevo. La bondad de Dios, el amor de Dios y la misericordia absolutamente gratuita de Dios explican nuestro nuevo nacimiento. No la circuncisión. No el bautismo. No ninguna obra hecha por nosotros en justicia. El nuevo nacimiento llega y trae obras justas con él, no al revés.

Que Dios te conceda ojos para ver que nada te puede hacer más humilde ni nada podría hacerte más feliz que la verdad de que tú has nacido de nuevo, no por algo que hayas hecho, sino por la misericordia de Dios. Acepta eso y alégrate.

Por tanto, ceñid los lomos de vuestro entendimiento, sed sobrios, y esperad por completo en la gracia que se os traerá cuando Jesucristo sea manifestado; como hijos obedientes, no os conforméis a los deseos que antes teníais estando en vuestra ignorancia; sino, como aquel que os llamó es santo, sed también vosotros santos en toda vuestra manera de vivir; porque escrito está: Sed santos, porque yo soy santo. Y si invocáis por Padre a aquel que sin acepción de personas juzga según la obra de cada uno, conducíos en temor todo el tiempo de vuestra peregrinación; sabiendo que fuisteis rescatados de vuestra vana manera de vivir, la cual recibisteis de vuestros padres, no con cosas corruptibles, como oro o plata, sino con la sangre preciosa de Cristo, como de un cordero sin mancha y sin contaminación, ya destinado desde antes de la fundación del mundo, pero manifestado en los postreros tiempos por amor de vosotros, y mediante el cual creéis en Dios, quien le resucitó de los muertos y le ha dado gloria, para que vuestra fe y esperanza sean en Dios. Habiendo purificado vuestras almas por la obediencia a la verdad, mediante el Espíritu, para el amor fraternal no fingido, amaos unos a otros entrañablemente, de corazón puro; siendo renacidos, no de simiente corruptible, sino de incorruptible, por la palabra de Dios que vive y permanece para siempre. Porque: Toda carne es como hierba, y toda la gloria del hombre como flor de la hierba. La hierba se seca, y la flor se cae; mas la palabra del Señor permanece para siempre. Y esta es la palabra que por el evangelio os ha sido anunciada.

1 Pedro 1:13-25

8

Por la fe en Jesucristo

Antes de escribir este libro, leí la autobiografía de Clarence Thomas, Juez de la Corte Suprema de Justicia de los Estados Unidos, titulada *My Grandfather's Son: A Memoir*. Thomas se crió como católico romano y asistió al Holy Cross College de Worcester, Massachusetts. Mientras se encontraba allá, se separó de la iglesia, aunque no para siempre. Esto fue lo que dijo:

> Durante la segunda semana que pasé en el recinto, asistí a misa por primera y última vez en Holy Cross. No sé por qué me molesté en asistir, tal vez por hábito o sentimiento de culpa; pero cualquiera que fuera la razón, me levanté en medio de la homilía y salí. De lo único que hablaban era de los dogmas de la iglesia, no de los problemas sociales, con los cuales yo estaba obsesionado, y eso me pareció irremediablemente irrelevante.[1]

¿Qué es la relevancia?

En mi calidad de predicador, pienso mucho en la relevancia. ¿Por qué escucharía alguien lo que yo tengo que decir? ¿Por qué le

---

1. Clarence Thomas, *My Grandfather's Son: A Memoir* (Nueva York: HarperCollins, 2007), 51.

importaría a alguien? *Relevancia* es una palabra ambigua. Podría significar que un sermón es relevante si los oidores *creen* que marcará una diferencia importante en su vida. O podría significar que un sermón es relevante si *marca* una diferencia importante en su vida, tanto si lo creen como si no.

Ese segundo tipo de relevancia es lo que guía mis sermones y mis escritos. En otras palabras, deseo decir cosas que sean verdaderamente significativas para tu vida, tanto si tú lo sabes como si no. Mi manera de hacerlo es permaneciendo lo más cerca posible de lo que Dios dice que es importante en su Palabra, no lo que nosotros creemos que es importante al margen de la Palabra de Dios.

Por tanto, en cualquier culto de adoración, puede que haya una docena de jóvenes idealistas como Clarence Thomas, llenos de ira acerca del racismo, del calentamiento global, del aborto, de lo limitada que es la atención sanitaria para los niños, de los desamparados, de la pobreza, de la guerra en Iraq, de los delitos de cuello blanco, del tráfico humano, de la crisis mundial del sida, de la orfandad rampante, de la codicia que hay detrás de la crisis hipotecaria de alto riesgo, del tratamiento a los extranjeros ilegales o del apuro de los cristianos que salen de prisión. Pero cuando me escuchen anunciar que hoy vamos a hablar de la manera en que una persona puede nacer de nuevo, puede que reaccionen como lo hizo Clarence Thomas y que, sencillamente, se vayan diciendo: "Eso no tiene nada que ver con los verdaderos problemas que tiene este mundo".

Cómo lidiar con lo que más importa

Estarían equivocados, doblemente equivocados. Estarían equivocados, en primer lugar, por no ver que lo que Jesús quiso decir con el nuevo nacimiento es sumamente pertinente al racismo, al calentamiento global, al aborto, a la atención a la salud y todos los demás problemas de nuestros días. Ya veremos en los capítulos siguientes cómo es el fruto necesario del nuevo nacimiento.

Y estarían equivocados, en segundo lugar, por pensar que esos problemas son los más importantes de la vida. No lo son. Son problemas de vida y muerte. Pero no son los más importantes porque tienen que ver con el alivio del sufrimiento durante esta breve vida terrenal, no el alivio del sufrimiento durante la eternidad que sigue. O, dicho de una manera positiva, tienen que ver con la manera en que elevamos al máximo el bienestar ahora durante unos ochenta años, pero no con la manera en que elevamos al máximo el bienestar en la presencia de Dios por ochenta trillones de años o más.

Mi trabajo como pastor es lidiar con lo que más importa y permanecer cerca de la voluntad revelada de Dios en la Biblia (para que ustedes lo puedan ver por sí mismos) y orar para que, por la gracia del Señor, los jóvenes idealistas y enojados como Clarence Thomas que haya en la congregación, y todos los demás, vean y sientan la magnitud de lo que *Dios* dice que es importante.

Ver y gustar la magnificencia de Jesús

Jesús dice en Juan 3:3: "De cierto, de cierto te digo, que el que no naciere de nuevo, no puede ver el reino de Dios". No ver el reino de Dios es quedar excluido de él. Jesús dijo en Mateo 8:11-12 que fuera del reino están "las tinieblas de afuera; allí será el lloro y el crujir de dientes". Él lo llamó el "castigo eterno" (Mt. 25:46). La alternativa a eso es estar en el reino de Dios y pasar la eternidad en gozo eterno con la persona más grandiosa del universo (Jn. 17:24).

No hay nada más importante que la gloria de Cristo vista personalmente y gustada en el reino de Dios con las innumerables personas que han creído en su nombre. Esa gloria llenará un día la tierra de paz y justicia, y de todo lo bueno. El mismo Cristo será el centro y será radiante en toda la tierra.

¿Cuál es nuestra participación en el nuevo nacimiento?

La pregunta en este capítulo es: *¿Cuál es nuestra participación?* ¿Qué hacemos nosotros en nuestro nuevo nacimiento? ¿Cómo participamos? Permíteme darte primero la respuesta que yo veo en la Biblia y luego intentaré mostrarte dónde se encuentra.

Tu participación en el nuevo nacimiento es ejercer fe, fe en el Hijo de Dios, Jesucristo, crucificado y resucitado, como Salvador, Señor y Tesoro de tu vida. La manera en que participas en el nuevo nacimiento es creyendo en Cristo. Tú participas en el nuevo nacimiento porque en él recibes a Cristo por quien es Él realmente, el supremamente valioso Salvador, Señor y Tesoro del universo.

La respuesta continúa así: tu acto de creer y el acto de Dios de engendrar son simultáneos. Él engendra, y tú crees en el mismo instante. Y —esto es muy importante— el acto de Dios es la causa decisiva del tu acto. El accionar del Señor es la causa decisiva para que tú creas.

Si te resulta difícil pensar en que una cosa cause la otra si son simultáneas, piensa en el fuego y el calor, o el fuego y la luz. En el instante en que hay fuego, hay calor. En el instante en que hay fuego, hay luz. Pero nosotros no diríamos que el calor causó el fuego, ni que la luz causó el fuego. Decimos que el fuego causó el calor y la luz.

Esa es la respuesta que yo veo en la Biblia a la pregunta *¿Cómo participamos en el nuevo nacimiento?* Ahora examinaremos algunos pasajes de las Escrituras que me llevan a pensar así.

"Obediencia a la verdad"

Comenzaremos aquí en 1 Pedro 1:22-23:

> Habiendo purificado vuestras almas por la obediencia a
> la verdad, mediante el Espíritu, para el amor fraternal no

fingido, amaos unos a otros entrañablemente, de corazón puro; siendo renacidos, no de simiente corruptible, sino de incorruptible, por la palabra de Dios que vive y permanece para siempre.

Nota varias cosas ahí. Una es que el objetivo de lo que está sucediendo es el amor: "Habiendo purificado vuestras almas por la obediencia a la verdad, mediante el Espíritu, para el amor fraternal no fingido". En otras palabras, la purificación del alma por la obediencia a la verdad lleva a alguna parte, a saber, a un amor fraternal sincero. Una de las implicaciones de ver esto es que la purificación del alma no es en sí misma la presencia del amor fraternal: todavía no. La purificación del alma es "para el amor fraternal". Es "el objetivo del amor fraternal". El amor es un fruto muy básico del Espíritu. De manera que el versículo 22 significa que algo más básico que el amor fraternal está sucediendo cuando dice: "Habiendo purificado vuestras almas por la obediencia a la verdad...".

La "obediencia" aquí es, por ende, no la obediencia del amor. Conduce a la obediencia del amor. ¿Qué es entonces? La obediencia a la verdad es la respuesta correcta a "la verdad". Se denomina "obediencia a la verdad" (v. 22). ¿Y qué es esa verdad? En este contexto, "la verdad" se refiere a la palabra de Dios. Así se la llama en el versículo 23 ("por la palabra de Dios que vive y permanece para siempre"). Y a esa palabra de Dios del versículo 25 se la llama "buenas nuevas, el evangelio": "Y esta es la palabra que por el evangelio os ha sido anunciada". Entonces, obedecer la verdad en el versículo 22 quiere decir obedecer al evangelio.

¿Y qué significa obedecer al evangelio? Significa creer en Jesús, pues lo que exige la oferta gratuita del evangelio es fe: "Cree en el Señor Jesucristo, y serás salvo..." (Hch. 16:31; 1 Co. 15:1-2). El primer y básico mandamiento del evangelio no es "amar a tu prójimo". Lo que el evangelio exige primero es fe. Entonces, obedecer al evangelio a este nivel básico es tener fe.

Puedes ver esto otra vez en el tercer capítulo de esta carta. A los esposos que no tienen fe en Cristo, se los describe como desobedientes a la palabra: "Asimismo vosotras, mujeres, estad sujetas a vuestros maridos; para que también los que no creen a la palabra, sean ganados sin palabra..." (1 P. 3:1). No obedecer la palabra significa que no son creyentes. Lo mismo se ve en 1 Pedro 2:8 ("siendo desobedientes") y 4:17 ("no obedecen al evangelio de Dios"). No obedecer la palabra significa no obedecer al evangelio, es decir, no creer.

Pablo habló de la misma manera en 2 Tesalonicenses 1:8, donde dijo que el Señor dará "retribución a los que no conocieron a Dios, ni obedecen al evangelio de nuestro Señor Jesucristo". En otras palabras, el evangelio del Señor Jesús exige fe, y estas personas no obedecieron. No creyeron. Rechazaron "la palabra de verdad, el evangelio".[2]

Por lo tanto, cuando Pedro dice: "Habiendo purificado vuestras almas por la obediencia a la verdad para el amor fraternal..." (1 P. 1:22), quiere decir: "Han purificado vuestras almas por la fe en el evangelio de Jesucristo, y esa fe lleva al amor fraternal". La fe obra mediante el amor (Gá. 5:6). El amor viene de la fe sincera (1 Ti. 1:5).

CREER: PONER EN PRÁCTICA EL NUEVO NACIMIENTO

Recuerda del capítulo anterior que, en Juan 3:5 y en Tito 3:5, el nuevo nacimiento implica *purificación*: la imagen de agua y lavamiento. Jesús dijo: "...De cierto, de cierto te digo, que el que no naciere de *agua* y del Espíritu, no puede entrar en el reino de Dios". Y Pablo dijo que Dios "nos salvó... por el *lavamiento* de la regeneración". Así, cuando Pedro dice que nuestras almas han

---

2. Efesios 1:13: "En él también vosotros, habiendo oído la palabra de verdad, el evangelio de vuestra salvación, y habiendo creído en él, fuisteis sellados con el Espíritu Santo de la promesa". Colosenses 1:5: "de la cual ya habéis oído por la palabra verdadera del evangelio".

sido *purificadas* por la obediencia a la verdad, es decir, por la fe en el evangelio, y dice que esa purificación *lleva* al amor, y no es lo mismo que amar, yo interpreto que esa purificación es la que tiene lugar en el nuevo nacimiento. Es la purificación a la que se refiere el "agua" de Juan 3:5 y el "lavamiento" de Tito 3:5. Ese es el nuevo nacimiento.

Esto quiere decir que el nuevo nacimiento en el cual somos lavados y la purificación "por la obediencia a la verdad" forman parte integral del mismo acontecimiento. Por tanto, participamos integralmente en el nuevo nacimiento. Se trata de *nuestro* nuevo nacimiento. Implica nuestro creer en el evangelio de Jesucristo. Por eso digo que mi nuevo nacimiento no tiene lugar sin que yo crea. Al creer, estamos poniendo en práctica el nuevo nacimiento, estamos respirando en la nueva vida.

El hecho de que Dios engendre hace que creamos

Ahora en el versículo 23, Pedro explica esto en el mismo lenguaje de nacer de nuevo. Unamos los dos versículos para que se pueda ver la conexión entre purificar el alma (nuestro acto) y nacer de nuevo (el acto de Dios): "Habiendo purificado vuestras almas por la obediencia a la verdad, mediante el Espíritu, para el amor fraternal no fingido, amaos unos a otros entrañablemente, de corazón puro; siendo renacidos, no de simiente corruptible, sino de incorruptible, por la palabra de Dios que vive y permanece para siempre". La conexión entre nuestra acción en el nuevo nacimiento (v. 22) y la acción de Dios en el nuevo nacimiento (v. 23) es una relación de efecto y causa. Eso queda implicado en las palabras "siendo renacidos".[3] La acción de Dios está debajo de la nuestra. Purificamos nuestros corazones en obediencia al

---

3. Literalmente, existe una conexión de participio entre nuestra purificación y el hecho de que Dios produzca el nacimiento (*anagegennemenoi*, "siendo renacidos" 1 P. 1:23), pero desde el punto de vista del contexto, es evidente que ese participio funciona como causa de lo que pasó antes.

evangelio, es decir, ponemos en práctica la regeneración; y podemos hacerlo porque Dios nos regenera.

DIOS ES LA CAUSA DECISIVA

Hay tres pistas en este texto de que la acción de Dios en el nuevo nacimiento es la causa de nuestra acción en el nuevo nacimiento. Es decir, creemos porque Él engendra.

En primer lugar, ese es simplemente el orden de las declaraciones. El versículo 22 contiene una orden: "amaos unos a otros entrañablemente, de corazón puro". Y el versículo 22 contiene un prerrequisito para ese amor: haber purificado nuestros corazones por la fe en el evangelio. Por último, el versículo 23 parece ser un prerrequisito de ambos. Gracias a que Dios engendra, podemos creer en el evangelio, el cual purifica nuestro corazón, y luego amarnos unos a otros. O sea que el engendramiento de parte de Dios está por debajo de nuestro creer y amar. Hace posible creer y amar.

La segunda pista de que el engendramiento de Dios es la causa de nuestro creer es que Él hace de la palabra el instrumento del nuevo nacimiento en el versículo 23: "Siendo renacidos, no de simiente corruptible, sino de incorruptible, por la palabra de Dios que vive y permanece para siempre". Algunos creen que la simiente incorruptible del versículo 23 es el Espíritu Santo, y bien puede serlo (véase 1 Jn. 3:9). Pero yo me inclino a interpretar que la "simiente incorruptible" es "la palabra de Dios". La simiente se describe como "incorruptible", y la palabra se describe como "que vive y permanece para siempre". Son prácticamente las mismas. Así que yo interpreto "nacido de simiente incorruptible" como sinónimo de "[nacido] por la palabra que vive y permanece para siempre". Esto se confirma por el hecho de que en los versículos 24-25, el foco completo está en la palabra, no en el Espíritu.

Por lo tanto, el punto es que Dios hace de la palabra el instrumento en el nuevo nacimiento, y la manera en que esta obra en el nuevo nacimiento es despertando la fe. Eso es lo que Pablo dice en Romanos 10:17: "Así que la fe es por el oír, y el oír, por la palabra de Dios". Entonces, si el nuevo nacimiento implica nuestro creer, y si la palabra hace que creamos, y 1 Pedro 1:24 dice que Dios causa el nuevo nacimiento "por la palabra", entonces detrás de la palabra y detrás de nuestro creer está la obra decisiva de Dios. Eso es lo que Santiago dice en el capítulo 1, versículo 18: "Él, de su voluntad, nos hizo nacer por la palabra de verdad...". Él, de su voluntad, nos hizo renacer. Dios no estaba limitado por nuestra voluntad de creer. La nuestra fue posible por la suya.

La tercera pista relacionada con el hecho de que el engendramiento de Dios es la causa de nuestro creer es la manera en que Pedro usa ese mismo lenguaje en el Concilio de Jerusalén en Hechos 15. Dice que los gentiles y los judíos son salvos, no solo los judíos. Y la manera en que lo dice es significativa: "y ninguna diferencia hizo [Dios] entre nosotros y ellos, purificando por la fe sus corazones" (Hch. 15:9).

Aquí habla de la misma forma en que lo hace en 1 Pedro 1:22, donde dice: "Habiendo purificado vuestras almas por la obediencia a la verdad...". Esto es, habiendo purificado vuestras almas por la fe. Pero en Hechos 15:9 usa el mismo lenguaje de purificación y fe, aunque dice explícitamente que Dios hace la purificación a través de nuestra fe: "y ninguna diferencia hizo [Dios] entre nosotros y ellos, purificando por la fe sus corazones" (Hch. 15:9). Dios limpió sus corazones mediante su fe. Esto nos muestra que, en el nuevo nacimiento, nuestra fe es tanto un aspecto crucial como un instrumento esencial de la purificación que Dios efectúa en nosotros. Pero no es definitiva. No es su propia causa. Dios es la causa.

Lo que esto significa para nosotros

¿Qué significa, pues, esto para nosotros? Significa cuatro cosas, y es mi oración que las recibas con gozo.

1. Significa que debemos creer para ser salvos: "Cree en el Señor Jesucristo, y serás salvo..." (Hch. 16:31). El nuevo nacimiento no ocupa el lugar de la fe; el nuevo nacimiento implica fe. El nuevo nacimiento es el nacimiento de la fe.

2. Significa que si depende de nosotros, no creeremos. No hay esperanza de que los muertos se den aliento a sí mismos.

3. Significa que Dios, que es rico en misericordia, gran amor y gracia soberana, es la causa decisiva de tu fe.

4. Según 1 Pedro 1:22, el fruto de la persona nacida de nuevo es el amor. Eso quiere decir que no hay nada en la vida que el nuevo nacimiento no toque: el racismo, el calentamiento global, el aborto, la limitada atención sanitaria para los niños, los desamparados, la pobreza, la guerra en Iraq, los delitos de cuello blanco, el tráfico humano, la crisis mundial del sida, la ausencia rampante de los padres en la casa, la codicia detrás de la crisis de las hipotecas de alto riesgo, el tratamiento a los extranjeros ilegales o el apuro de los cristianos que salen de la prisión. No queda nada sin ser afectado. Y, lo que es más importante, tú entras en el reino de Dios y ves el rostro de Jesús para siempre.

Por tanto, te ruego en nombre de Cristo, que creas en el Señor Jesucristo. Recíbelo como Salvador, y Señor y Tesoro de tu vida. Si ya eres creyente, humíllate bajo la generosa mano de Dios y, como su hijo eterno e invencible, entrégate a aliviar el sufrimiento, sobre todo el sufrimiento eterno. Ayuda a los jóvenes que hay entre nosotros, como Clarence Thomas, para que vean la relación entre la verdad y el amor, entre la regeneración del evangelio y la liberación del evangelio.

En el principio era el Verbo, y el Verbo era con Dios, y el Verbo era Dios. Este era en el principio con Dios. Todas las cosas por él fueron hechas, y sin él nada de lo que ha sido hecho, fue hecho. En él estaba la vida, y la vida era la luz de los hombres. La luz en las tinieblas resplandece, y las tinieblas no prevalecieron contra ella. Hubo un hombre enviado de Dios, el cual se llamaba Juan. Este vino por testimonio, para que diese testimonio de la luz, a fin de que todos creyesen por él. No era él la luz, sino para que diese testimonio de la luz. Aquella luz verdadera, que alumbra a todo hombre, venía a este mundo. En el mundo estaba, y el mundo por él fue hecho; pero el mundo no le conoció. A lo suyo vino, y los suyos no le recibieron. Mas a todos los que le recibieron, a los que creen en su nombre, les dio potestad de ser hechos hijos de Dios; los cuales no son engendrados de sangre, ni de voluntad de carne, ni de voluntad de varón, sino de Dios. Y aquel Verbo fue hecho carne, y habitó entre nosotros (y vimos su gloria, gloria como del unigénito del Padre), lleno de gracia y de verdad.

Juan 1:1-14

9

A TRAVÉS DE BUENAS NUEVAS INTELIGIBLES

Hace poco escuchaba una grabación de la charla de Vishal Mangalwadi titulada: "De Bach a Cobain", la cual forma parte de una serie que dio en la Universidad de Minnesota con el título "¿Tiene el Sol que ponerse en el Oeste?". En esta charla, habló brevemente del uso del mantra en las religiones orientales. Cuando escuché lo que dijo pensé: *Eso será muy importante para ayudarme a expresar lo que quiero decir en este capítulo, a saber, cómo funciona la "palabra" para producir el nuevo nacimiento.*

Por esto, permíteme hacer una conexión entre el foco del capítulo anterior sobre 1 Pedro 1:23 y el foco actual sobre Juan 1:12-13, ponderando cómo se diferencia un mantra del evangelio. Es asombroso ver cómo muchos sitios web religiosos vinculan el significado del mantra con Juan 1:1: "En el principio era el Verbo, y el Verbo era con Dios, y el Verbo era Dios". El punto que ellos destacan es que la realidad es en esencia sonido, y podemos tener acceso a la realidad máxima repitiendo ciertos sonidos sagrados. De ahí el mantra.

Sonidos verbales sin significado verbal

Hay un sitio web que explica el mantra de la siguiente manera: "Con tan solo repetir el nombre, lo que no se entiende se entenderá, y con solo repetir el nombre de lo que no se puede ver, se verá".[1] En otras palabras, la manera en que trabaja un mantra no es esclareciendo el significado de las palabras y mostrando cómo ese significado se corresponde con la realidad. Antes bien, un mantra es una combinación de sonidos verbales sin significado verbal. El objetivo de un mantra no es aclarar las ideas, sino que las ideas se desvanezcan para que haya un acceso más inmediato a la realidad máxima.

Es muy importante conocer lo que piensas de este asunto. Algunos cristianos, que no saben qué creen sobre cómo Dios se relaciona con nosotros a través de la mente, se desorientan y caen en la práctica de religiones orientales sin entender que podrían estar alejándose de Cristo.

Una narración inteligible sobre Jesús

En 1 Pedro 1:23 leemos, como vimos en el capítulo anterior, que nosotros "[renacimos], no de simiente corruptible, sino de incorruptible, *por la palabra de Dios que vive y permanece para siempre*". Esta oración es sumamente importante. Nacemos de nuevo, es decir, somos unidos a Jesucristo por el Espíritu Santo para compartir su vida resucitada nueva y eterna *a través de la palabra de Dios*. Este milagro, esta transferencia de muerte a vida, sucede por oír la palabra de Dios.

Ahora tú tienes que decidir si crees que esta es una referencia al uso de la palabra de Dios como mantra o al uso de la palabra de Dios como una narración mentalmente inteligible de acon-

---

1. www.meditationiseasy.com/mCorner/techniques/Mantra_meditation.htm, en línea, consultado el 1 de mayo de 2008.

122

tecimientos históricos reales concernientes a Jesucristo y lo que esa persona y esos acontecimientos significan para los que creen. ¿Estamos conectados a la realidad divina —a Dios en el nuevo nacimiento— por el proceso místico de la repetición de sonidos sagrados, liberando nuestra mente de pensamientos y obteniendo acceso inmediato a la realidad máxima?, o ¿estamos conectados a la realidad divina —a Jesucristo crucificado y resucitado— porque oímos y creemos las palabras inteligibles de Dios como la narración de lo que Jesucristo logró para nosotros cuando murió y resucitó en la historia?

Después de decir en 1 Pedro 1:23 que hemos nacido de nuevo "por la palabra de Dios que vive y permanece para siempre", Pedro dice en el versículo 25: "Y esta es la palabra que por el evangelio os ha sido anunciada". Es decir, la palabra a través de la cual nacemos de nuevo es "la palabra que por el evangelio nos ha sido anunciada". ¿Y qué es eso? ¿Cuál es ese evangelio o buenas nuevas? Es esto:

> Ahora os hago saber, hermanos, el evangelio que os prediqué, el cual también recibisteis, en el cual también estáis firmes, por el cual también sois salvos, si retenéis la palabra que os prediqué, a no ser que hayáis creído en vano. Porque yo os entregué en primer lugar lo mismo que recibí: que Cristo murió por nuestros pecados, conforme a las Escrituras; que fue sepultado y que resucitó al tercer día, conforme a las Escrituras; que se apareció a Cefas y después a los doce (1 Co. 15:1-5).

El evangelio es noticia

En otras palabras, el evangelio es noticia acerca de los acontecimientos y su significado. Son acontecimientos que sucedieron, que las personas podían ver con los ojos, tocar con las manos, pensar en ellos con la mente y describirlos con la boca. Es la noticia acerca de la muerte de Jesús en la historia y su resurrección, y acerca del significado que adquirieron esos acontecimientos, como dice Pablo en las Escrituras: "Que Cristo murió por nuestros pecados, *conforme a las Escrituras*".

Somos salvos, dice el apóstol en 1 Corintios 15:2, por creer esa noticia. Y la creemos porque la escuchamos y la entendimos con nuestra mente. Pablo termina esa sección en 1 Corintios 15:11 diciendo: "así predicamos, y así habéis creído". Tal como dijo en Romanos 10:17: "Así que la fe es por el oír, y el oír, por la palabra de Dios". Y en Gálatas 3:2, 5: "¿Recibisteis el Espíritu por las obras de la ley, o por el oír con fe?... Aquel, pues, que os suministra el Espíritu, y hace maravillas entre vosotros, ¿lo hace por las obras de la ley, o por el oír con fe?".

En otras palabras, "oír con fe" es lo que sucede cuando nacemos de nuevo "por la palabra de Dios que vive y permanece para siempre". El evangelio —las nuevas acerca de Jesucristo— se predica, nosotros lo escuchamos y, a través de él, nacemos de nuevo. Nace la fe: "El, de su voluntad, nos hizo nacer por la palabra de verdad…" (Stg. 1:18).

No funciona así

Esta verdad, esta palabra viva que permanece para siempre, este evangelio, no es un mantra. Y no funciona así. No funciona mediante la repetición de sonidos sagrados. Funciona porque es la verdad inteligible acerca de lo que realmente sucedió cuando Jesús murió y resucitó, y porque Dios quiere que su Hijo sea glorificado mediante nuestro conocimiento y fe en quién es Cristo en verdad y lo que hizo realmente para salvar a los pecadores.

Lo que aprendemos de 1 Pedro 1:23 ("nacer de nuevo por la palabra de Dios, el evangelio") es que la visión del mundo que respalda el mantra está mal orientada y equivocada. No está arraigada en la historia. No está arraigada en Jesucristo. No está arraigada en la inteligibilidad de la narrativa histórica. No está arraigada en la responsabilidad de la mente humana de interpretar el significado de la predicación de Cristo. No está arraigada en el deber del alma de ver y creer en el evangelio de Cristo crucificado y resucitado.

¡Qué celo tengo para que los seguidores de Jesucristo sean un pueblo que exalte a Cristo, que esté empapado de la Biblia y que sepa discernir! Por ejemplo, es mi oración que tú no te limites a apuntarte en tu clase de yoga local sin saber lo que estás haciendo. El yoga es para el cuerpo lo que el mantra es para la boca. Ambos están arraigados en la misma visión del mundo. Tomemos como ejemplo mi propia ciudad. Cuando visito la página web de YWCA (por sus siglas en inglés, Asociación Cristiana de Mujeres Jóvenes) en Minneapolis y hago clic en "clases de ejercicios", encuentro veintidós referencias al yoga, incluidos "Yoga para principiantes", "Yoga MS", "Yoga para jóvenes", "Baile yoga" y "Yoga para todos".

Una explicación dice que en el "mantra yoga", uno "tiene que repetir una palabra o frase hasta que la persona trascienda la mente y las emociones. En el proceso, se descubre y se alcanza lo superconsciente".[2] Luego, el yoga mismo se describe así:

> El yoga se centra en la armonía entre la mente y el cuerpo.
> El yoga deriva su filosofía de las creencias metafísicas indias.
> La palabra *yoga* viene del idioma sánscrito y quiere decir
> unión o fusión. El objetivo final de esa filosofía es alcanzar
> un equilibrio entre la mente y el cuerpo, y lograr la autoi-
> luminación. Para lograr eso, el yoga usa movimiento, respi-
> ración, postura, relajación y meditación para establecer un
> enfoque a la vida sano, vivaz y equilibrado.[3]

Tú naciste de nuevo mediante la palabra de Dios que vive y permanece para siempre. Esa palabra es el evangelio de Jesucristo

---

2. http://yoga.iloveindia.com/yoga-types/mantra-yoga.html, en línea, consultado el 1 de mayo de 2008.
3. http://yoga.iloveindia.com/what-yoga.html, en línea, consultado el 1 de mayo de 2008.

crucificado y resucitado. No caigas presa de otro evangelio. No hay otro evangelio, y no hay otra senda para llegar a Dios —ni al máximo bienestar— que escuchar, entender y creer las escandalosas noticias de Jesucristo en el evangelio.

LA PALABRA SE HIZO CARNE

Así, cuando llegamos a Juan 1:1 ("En el principio era el Verbo, y el Verbo era con Dios, y el Verbo era Dios"), no paramos ahí para sacarlo de su contexto y encajarlo en una visión del mundo que intenta trascender la carne con meditación, mantras y yoga. No, leemos hasta el versículo 14 y más allá: "Y aquel Verbo *fue hecho carne, y habitó entre nosotros* (y vimos su gloria, gloria como del unigénito del Padre), lleno de gracia y de verdad".

Por esto, la palabra a través de la cual nacemos de nuevo no puede ser un mantra. Se hizo carne y habitó entre nosotros, vivió una vida perfecta y murió en nuestro lugar, cargó con la ira de Dios y resucitó físicamente de los muertos, y ahora viene a nosotros en una narrativa histórica llamada *el evangelio*. El Verbo era Dios y es Dios. No era un sonido. Era una Persona. Se le llamó el Verbo porque representa la expresión de todo lo que es Dios el Padre.

Y el Verbo se hizo carne. Y la historia de su obra salvadora —el evangelio, la palabra de Dios— es la manera en que Jesucristo, el Verbo, viene a nosotros, nos regenera y nos renueva. Oímos esa palabra y por gracia la entendemos, la recibimos y nacemos de nuevo por ella. Y nunca, nunca, nunca tratamos (por medio de mantras ni de ninguna otra forma) de eliminar esa palabra de nuestra mente. Nunca.

NACIDOS NO DE HOMBRE, SINO DE DIOS

Concéntrate brevemente en Juan 1:11-13:

> A lo suyo vino, y los suyos no le recibieron. Mas a todos los que le recibieron, a los que creen en su nombre, les dio potestad de ser hechos hijos de Dios; los cuales no son engendrados de sangre, ni de voluntad de carne, ni de voluntad de varón, sino de Dios.

Este texto tiene la misma estructura que 1 Pedro 1:22-23, el cual ya hemos estudiado. En el versículo 12, los que reciben el derecho de ser hijos de Dios son aquellos que *reciben* a Cristo y *creen* en su nombre. De manera que ser un hijo de Dios está relacionado con creer. No dice cómo se relaciona —cuál causa cuál—, sino que solo dice que están relacionados. Si recibes a Cristo, si crees en su nombre, eres hijo de Dios. Es decir, naces de nuevo y perteneces a la familia del Señor para siempre. Así que convertirse en hijo de Dios se relaciona con nuestro acto de creer. Es como 1 Pedro 1:22.

Luego, en Juan 1:13, nacer de nuevo se relaciona no con nuestro acto de creer, sino con el acto de Dios de engendrar: "los cuales no son engendrados de sangre, ni de voluntad de carne, ni de voluntad de varón, sino de Dios". El énfasis en el versículo 13 es dejar claramente establecido que el acto del nuevo nacimiento no está causado por un agente humano ordinario.

Hay tres negativas: no de sangre (literalmente "sangres"), ni de voluntad de carne, ni de voluntad de varón (literalmente, de un hombre, es decir, un esposo). En otras palabras, el énfasis cae en decir que estar en la familia de Dios definitivamente no está relacionado con pertenecer a ninguna familia humana, incluida la familia judía. Nacer la segunda vez no depende de quién lo dio a luz la primera vez.

"No de sangres" da a entender que no tiene que ver con que dos personas de líneas de sangre diferentes se unan. Su unión no produce un hijo de Dios. "No de voluntad de carne" significa que la humanidad, como mera humanidad (la carne), no puede producir un hijo de Dios. Jesús dice en Juan 3:6: "Lo que es nacido de la carne, carne es…". Eso es todo lo que puede producir la carne. No puede producir un hijo de Dios. "No de voluntad de varón" quiere decir que ningún esposo, por muy santo que sea, puede producir un hijo de Dios.

La alternativa a todo esto no es ningún acto humano, sino Dios mismo. Versículo 13: "Los cuales no son engendrados de sangre, ni de voluntad de carne, ni de voluntad de varón, sino de Dios". Por encima de la decisión de sangre humana, de la voluntad humana y de los esposos humanos, está Dios. Los que recibieron a Cristo y creyeron en su nombre son nacidos de Dios. Son nacidos de nuevo.

El énfasis de Juan 1:12-13 recae en que el nuevo nacimiento es la obra de Dios, no de los hombres. Entonces, ¿cómo entiende Juan la relación entre nuestro acto de creer y el acto de Dios de engendrar? ¿Acaso el hecho de que Dios engendre nos hace creer, o es que nuestro creer produce el engendramiento de Dios? ¿Produce el nuevo nacimiento la fe, o es la fe la que produce el nuevo nacimiento? Si solo tuviéramos esos versículos, el énfasis recaería en: no de voluntad de carne sino de Dios. Es decir, el hecho de que Dios engendre, no de que el hombre crea, parecería ser decisivo en el nuevo nacimiento.

El hecho de que Dios engendre hace que creamos

Pero no estamos limitados a esos versículos para saber lo que Juan enseña acerca de cómo se relacionan mutuamente nuestra fe y la obra de Dios en el nuevo nacimiento. Juan nos lo dice llanamente en 1 Juan 5:1. Ese es el texto más claro en el Nuevo Testamento sobre la relación entre la fe y el nuevo nacimiento. Observa los verbos de cerca a medida que leemos: "Todo aquel que *cree* que Jesús es el Cristo, *es nacido de Dios…*". Esto es lo que John Stott dice de este versículo, y yo estoy totalmente de acuerdo:

> La combinación del tiempo presente (cree) y el tiempo perfecto [es nacido] es importante. Muestra claramente que creer es la consecuencia, no la causa, del nuevo nacimiento. Nuestra actividad presente y continua de creer es el resultado, y por ende, la prueba, de nuestra experiencia pasada del nuevo nacimiento por medio del cual nos hicimos y seguimos siendo hijos de Dios.[4]

Entonces, esto es lo que se deduce de los dos últimos capítulos: el acto de Dios de producir el nuevo nacimiento es producir un *creyente* donde una vez había muerte espiritual e incredulidad. La razón por la que el nuevo nacimiento es la creación de Dios de un creyente es que esa nueva creación sucede *a través de la palabra de Dios* (1 P. 1:23; Stg. 1:18), a través del evangelio. El evangelio de Jesucristo, por el poder del Espíritu, crea entendimiento espiritual y fe donde una vez había ceguera e incredulidad.[5] Esto lo hace como narrativa de los acontecimientos históricos —la cruz y la resurrección— que revelan la gloria de Jesucristo (2 Co. 4:4-6). Esa narrativa es el poder de Dios que produce el nuevo nacimiento y despierta la fe (Ro. 1:16).

Por tanto, el nuevo nacimiento no se produce a través de un mantra ni nada parecido. Viene como consecuencia de aceptar la persona histórica de Jesucristo como Salvador, Señor y Tesoro de nuestra vida, algo que nos concede Dios y que entendemos clara y conscientemente. Y por eso puedo apelar a ti, y lo hago: Mira a Cristo en el evangelio, la historia de su vida, muerte y resurrección, y lo que significa para ti. Ve su gloria y su verdad. Recíbelo y cree en su nombre. Y serás hijo de Dios.

---

4. John Stott, *The Letters of John* (Grand Rapids, MI: Eerdmans, 1988), 175.
5. Si deseas saber más sobre la fe como regalo de Dios, véanse 2 Ti. 2:25-26; Ef. 2:8; Fil. 1:29; Hch. 5:31; 13:48; 16:14; 18:27.

Parte IV

¿Cuáles son los efectos del nuevo nacimiento?

Todo aquel que cree que Jesús es el Cristo, es nacido de Dios; y todo aquel que ama al que engendró, ama también al que ha sido engendrado por él. En esto conocemos que amamos a los hijos de Dios, cuando amamos a Dios, y guardamos sus mandamientos. Pues este es el amor a Dios, que guardemos sus mandamientos; y sus mandamientos no son gravosos. Porque todo lo que es nacido de Dios vence al mundo; y esta es la victoria que ha vencido al mundo, nuestra fe. ¿Quién es el que vence al mundo, sino el que cree que Jesús es el Hijo de Dios?

1 Juan 5:1-5

10

VENCE AL MUNDO

Ahora pasamos de las preguntas *¿Qué?*, *¿Por qué?* y *¿Cómo?* a los efectos o pruebas del nuevo nacimiento. Preguntamos adónde lleva el nuevo nacimiento. ¿Qué fruto produce en nuestra vida? *¿Cuáles son las señales en tu vida de que Dios te ha hecho nacer de nuevo?*

Para centrarnos en los efectos del nuevo nacimiento, recurrimos a un libro de la Biblia que está casi totalmente dedicado a contestar esa pregunta: la Primera Epístola de Juan. En mi biblioteca, tengo un comentario sobre 1 Juan que tiene cien años de antigüedad y que se titula *The Tests of Life* [Las pruebas de la vida], por Robert Law.[1] Es un buen título, que refiere a que Juan escribió esa carta para dar a la Iglesia pruebas o criterios para saber si tenemos vida espiritual, es decir, si hemos nacido de nuevo.

Para exhortarte a que leas 1 Juan por ti mismo, permíteme darte una perspectiva general de lo que quiero decir con eso de que esa carta se escribió para ayudarte a saber que tienes vida eterna. Este capítulo es un panorama general de 1 Juan con un

---

1. Robert Law, *The Tests of Life: A Study of the First Epistle of John* (Grand Rapids, MI: Baker Book House, orig. 1909).

breve vistazo al capítulo 5:3-4. El impacto del libro como un todo ha sido muy significativo para mí. Espero que también lo sea para ti.

¿POR QUÉ ESCRIBIÓ JUAN ESA CARTA?

En primer lugar, ¿por qué escribió Juan esa carta? El apóstol expresa su razón para escribirla, en varios párrafos. Veámoslos en el orden en que aparecen.

1 Juan 1:4: "Estas cosas os escribimos, para que vuestro gozo sea cumplido". Juan es un hedonista cristiano que no se avergüenza de ello.[2] Su gozo viene del gozo que sentían sus lectores por la seguridad que tenían. Juan lo desea. Es bueno desear esa clase de gozo.

1 Juan 2:1: "Hijitos míos, estas cosas os escribo para que no pequéis; y si alguno hubiere pecado, abogado tenemos para con el Padre, a Jesucristo el justo". Juan espera que su libro les dé un poder renovado para vencer el pecado. Y parte de su método para ayudarlos a vencer el pecado es asegurarles que los fracasos no tienen por qué acabar con su vida eterna.

1 Juan 2:12-13: "Os escribo a vosotros, hijitos, porque vuestros pecados os han sido perdonados por su nombre. Os escribo a vosotros, padres, porque conocéis al que es desde el principio. Os escribo a vosotros, jóvenes, porque habéis vencido al maligno…". En otras palabras, Juan está lleno de la esperanza de que aquellos a quienes escribe sean verdaderos creyentes. Están perdonados. Conocen a Dios. Han triunfado sobre el maligno.

---

2. El hedonismo cristiano enseña que el valor de Dios brilla más en el alma que encuentra la más profunda satisfacción en Él. En mi libro *Sed de Dios: Meditaciones de un cristiano hedonista* (Barcelona: Andamio, 2001), desarrollo plenamente cómo entiendo el hedonismo cristiano.

1 Juan 2:21: "No os he escrito como si ignoraseis la verdad, sino porque la conocéis, y porque ninguna mentira procede de la verdad". Esta carta no es para iniciarlos en la vida cristiana, sino para confirmarlos en ella.

1 Juan 2:26: "Os he escrito esto sobre los que os engañan". A Juan le preocupa la falsa enseñanza. Esta carta tiene la intención de protegerlos de aquellos que los pueden descarriar. En otras palabras, el hecho de que hayamos nacido de nuevo no quiere decir que ya no necesitemos advertencias.

1 Juan 5:13: "Estas cosas os he escrito a vosotros que creéis en el nombre del Hijo de Dios, para que sepáis que tenéis vida eterna...". Este es el tema dominante en esta carta. La mayor parte de su contenido está concebida para proporcionar pruebas de la vida: "Estas cosas os he escrito... para que sepáis que tenéis vida eterna...", es decir, para que sepan que han nacido de nuevo.

Si resumimos todas estas razones para escribir esta carta, 1 Juan dice así: *Les escribo porque ustedes son verdaderos creyentes, pero hay engañadores en medio de ustedes, y deseo que tengan la absoluta confianza en su posesión actual de la vida eterna como hijos regenerados de Dios, para que no sean atraídos por el pecado. Y si esta carta produce ese efecto, mi gozo será completo.* En el centro de su razón para escribir, está el deseo de ayudarles a saber que ellos han nacido de nuevo, que ahora tienen una nueva vida espiritual: vida eterna.

Once pruebas del nuevo nacimiento

Considera una generalidad más, antes de centrarnos en 1 Juan 5:3-4. Juan da al menos once pruebas de que una persona ha nacido de nuevo. Probablemente, podamos resumirlas a la fe y el amor, pero, por ahora vamos a dejarlas como él las dijo. No todos los versículos a continuación usan lenguaje de nuevo nacimiento. Sin embargo, quedará claro, si uno piensa en ello un momento, que incluso cuando el lenguaje no está presente, la realidad sí lo está. Aquí están:

1. *Los que han nacido de Dios guardan sus mandamientos.*

> 1 Juan 2:3-4: "Y en esto sabemos que nosotros le conocemos, si guardamos sus mandamientos. El que dice: Yo le conozco, y no guarda sus mandamientos, el tal es mentiroso, y la verdad no está en él".

> 1 Juan 3:24: "Y el que guarda sus mandamientos, permanece en Dios, y Dios en él...".

2. *Los que han nacido de Dios andan como anduvo Cristo.*

> 1 Juan 2:5-6: "por esto sabemos que estamos en él. El que dice que permanece en él, debe andar como él anduvo".

3. *Los que han nacido de Dios no aborrecen a los demás, sino que los aman.*

> 1 Juan 2:9: "El que dice que está en la luz, y aborrece a su hermano, está todavía en tinieblas".

> 1 Juan 3:14: "Nosotros sabemos que hemos pasado de muerte a vida, en que amamos a los hermanos. El que no ama a su hermano, permanece en muerte".

> 1 Juan 4:7-8: "Amados, amémonos unos a otros; porque el amor es de Dios. Todo aquel que ama, es nacido de Dios, y conoce a Dios. El que no ama, no ha conocido a Dios; porque Dios es amor".

> 1 Juan 4:20: "Si alguno dice: Yo amo a Dios, y aborrece a su hermano, es mentiroso...".

4. *Los que han nacido de Dios no aman al mundo.*

1 Juan 2:15: "Si alguno ama al mundo, el amor del Padre no está en él".

5. *Los que han nacido de Dios confiesan al Hijo y lo reciben (lo tienen).*

1 Juan 2:23: "Todo aquel que niega al Hijo, tampoco tiene al Padre. El que confiesa al Hijo, tiene también al Padre".

1 Juan 4:15: "Todo aquel que confiese que Jesús es el Hijo de Dios, Dios permanece en él, y él en Dios".

1 Juan 5:12: "El que tiene al Hijo, tiene la vida; el que no tiene al Hijo de Dios no tiene la vida".

6. *Los que han nacido de Dios practican la justicia.*

1 Juan 2:29: "Si sabéis que él es justo, sabed también que todo el que hace justicia es nacido de él".

7. *Los que han nacido de Dios no practican el pecado.*

1 Juan 3:6: "Todo aquel que permanece en él, no peca; todo aquel que peca, no le ha visto, ni le ha conocido".

1 Juan 3:9-10: "Todo aquel que es nacido de Dios, no practica el pecado, porque la simiente de Dios permanece en él; y no puede pecar, porque es nacido de Dios. En esto se manifiestan los hijos de Dios, y los hijos del diablo: todo aquel que no hace justicia, y que no ama a su hermano, no es de Dios".

1 Juan 5:18: "Sabemos que todo aquel que ha nacido de Dios, no practica el pecado, pues Aquel que fue engendrado por Dios le guarda, y el maligno no le toca".

8. *Los que han nacido de Dios tienen el Espíritu de Dios.*

> 1 Juan 3:24: "Y en esto sabemos que él permanece en nosotros, por el Espíritu que nos ha dado".

> 1 Juan 4:13: "En esto conocemos que permanecemos en él, y él en nosotros, en que nos ha dado de su Espíritu".

9. *Los que han nacido de Dios escuchan la palabra apostólica con sumisión.*

> 1 Juan 4:6: "Nosotros somos de Dios; el que conoce a Dios, nos oye; el que no es de Dios, no nos oye. En esto conocemos el espíritu de verdad y el espíritu de error".

10. *Los que han nacido de Dios creen que Jesús es el Cristo.*

> 1 Juan 5:1: "Todo aquel que cree que Jesús es el Cristo, es nacido de Dios...".

11. *Los que han nacido de Dios vencen al mundo.*

> 1 Juan 5:4: "Porque todo lo que es nacido de Dios vence al mundo; y esta es la victoria que ha vencido al mundo, nuestra fe".

NO HAY PERFECCIÓN Y NO PUEDE HABER DESERCIÓN

Uno de los efectos equivocados de todas esas "pruebas de la vida" sería abrumarnos con la sensación de que Juan tal vez esté diciendo: "Si has nacido de nuevo, eres perfecto. Si has nacido de nuevo, no pecas en absoluto. No hay derrota en la vida cristiana. Solo hay victoria". Ese sería un grave error de lectura de la carta.

Otro efecto equivocado que esas pruebas podrían tener en nuestra mente es llevarnos a pensar que podemos perder la salvación. Puede que nos hagan pensar que podemos nacer de nuevo por un tiempo y luego comenzar a fracasar en esas pruebas, y morir y perder la vida espiritual que recibimos en el nuevo naci-miento. Ese sería otro grave error.

Juan es muy consciente de que sus palabras podrían interpre-tarse de esas dos maneras equivocadas. Por eso es tan explícito como cualquier escritor del Nuevo Testamento para expresar que ese no es el caso: los cristianos no son inmaculados y las personas que han nacido de nuevo no pueden perder el nuevo nacimiento e ir a la perdición.

Juan dice en 1 Juan 1:8-10: "Si decimos que no tenemos pe-cado [tiempo presente], nos engañamos a nosotros mismos, y la verdad no está en nosotros. Si confesamos nuestros pecados [tiempo presente], él es fiel y justo para perdonar nuestros pecados, y limpiarnos de toda maldad. Si decimos que no hemos pecado, le hacemos a él mentiroso, y su palabra no está en nosotros". De manera que Juan se esfuerza por decir que "andar en la luz" (1:7) no significa andar sin manchas. Significa que cuando uno tropieza, la luz de Cristo le hace ver el tropiezo como pecado, aborrecerlo y confesarlo, y recibir el perdón para seguir adelante con el Señor.

Y Juan es igual de celoso para asegurarse de que no entenda-mos de esas "pruebas de la vida" que podemos nacer de nuevo, pero luego perder nuestra vida y terminar en condenación. En 1 Juan 2:19 encontramos una de las declaraciones más claras en la Biblia de que existe otra forma de entender lo que sucede cuando una persona abandona la iglesia. Dice: "Salieron de nosotros, pero no eran de nosotros; porque si hubiesen sido de nosotros, habrían permanecido con nosotros; pero salieron para que se ma-nifestase que no todos son de nosotros".

Juan dice tres cosas para protegernos de malos entendidos: 1) Los que parecían haber nacido de nuevo y abandonaron la fe nunca nacieron de nuevo: nunca fueron de nosotros. "Salieron de nosotros, pero no eran de nosotros". Es decir, la explicación no es que perdieron su nuevo nacimiento. Nunca lo tuvieron. 2) Los que verdaderamente nacieron de nuevo (los que son "de nosotros") perseveran hasta el final en la fe. Versículo 19: "si hubiesen sido de nosotros, habrían permanecido con nosotros". La permanencia no es la causa del nuevo nacimiento. El nuevo nacimiento es la causa de la permanencia, y la permanencia es la prueba del nuevo nacimiento. 3) Dios muchas veces demuestra con claridad quiénes son los falsos cristianos en la iglesia, aquellos que terminan rechazando la verdad y al pueblo de Dios. Versículo 19: "pero salieron para que se manifestase que no todos son de nosotros". Se manifestó. Así hoy, muchas veces se manifiesta quiénes son "de nosotros".

Recuerda que una de las pruebas de la vida, en 1 Juan 4:6, era que los que de verdad conocen a Dios escuchan la enseñanza apostólica. Les encanta y se aferran a ella: "el que conoce a Dios, nos oye; el que no es de Dios, no nos oye...". Esas personas escucharon por un tiempo. La semilla de la palabra brotó, tal vez incluso con gozo (Lc. 8:13), y parecía que de verdad habían nacido de nuevo. Pero vinieron tiempos malos, y los afanes, las riquezas y los placeres de la vida los arrastraron, y ellos demostraron que nunca habían nacido de nuevo.

Una cadena de tres eslabones en 1 Juan 5:3-4

Ahora considera brevemente 1 Juan 5:3-4 y permite que prepare el escenario para un tratamiento más pleno en el capítulo siguiente. Considera la manera en que estos pensamientos encajan. He aquí una cadena de pensamiento de tres eslabones: "[Primer eslabón] Pues este es el amor a Dios, que guardemos sus mandamientos; y sus mandamientos no son gravosos. [Segundo eslabón] Porque todo lo que es nacido de Dios vence al mundo; [Tercer eslabón] y esta es la victoria que ha vencido al mundo, nuestra fe".

Primer eslabón: el amor a Dios se expresa en obediencia a sus mandamientos con un espíritu que no actúa de manera gravosa. Versículo 3: "Pues este es el amor a Dios, que guardemos sus mandamientos; y sus mandamientos no son gravosos". La característica del amor a Dios es una obediencia dispuesta y gozosa, no quejumbrosa.

Segundo eslabón: la base de esa obediencia no quejumbrosa es el poder del nuevo nacimiento para vencer al mundo. Versículo 4: "Porque [es decir, el fundamento de lo anterior] todo lo que es nacido de Dios vence al mundo…". Nuestro amor a Dios le obedece libre y gozosamente porque, en el nuevo nacimiento, el hechizo del mundo se rompe y pierde su poder. Cuando el mundo pierde su poderosa atracción gracias al nuevo nacimiento, Dios y su santa voluntad se vuelven atractivos. No gravosos. ¿Cómo es eso?

Tercer eslabón: este poder que vence al mundo, que rompe el hechizo del pecado y hace hermosa la voluntad de Dios, no gravosa, es nuestra fe. Versículo 4: "y esta es la victoria que ha vencido al mundo, nuestra fe".

EL EVANGELIO, EL NUEVO NACIMIENTO,
LA FE Y LA OBEDIENCIA CON GOZO

De manera que la cadena de pensamiento es así: el nuevo nacimiento sucede cuando entramos en contacto con la palabra viva y permanente, el evangelio. El primer efecto de ese nuevo nacimiento es que vemos y recibimos a Dios y a su Hijo, y su obra y su voluntad son supremamente hermosas y valiosas. Eso es fe. Esa fe vence al mundo, es decir, vence el poder esclavizante del mundo basado en que sea nuestro supremo tesoro.

La fe rompe con el hechizo esclavizante del atractivo del mundo. En ese sentido, la fe nos lleva a obedecer con libertad y gozo. Dios y su santa voluntad parecen hermosos y no gravosos. El nuevo nacimiento nos quita la venda de los ojos. Vemos las cosas por lo que realmente son. Somos libres para obedecer con gozo.

Que Dios confirme tu realidad espiritual —tu nuevo nacimiento— venciendo el poder seductor del mundo en tu vida. "Porque todo lo que es nacido de Dios vence al mundo; y esta es la victoria que ha vencido al mundo, nuestra fe".

Todo aquel que cree que Jesús es el Cristo, es nacido de Dios; y todo aquel que ama al que engendró, ama también al que ha sido engendrado por él. En esto conocemos que amamos a los hijos de Dios, cuando amamos a Dios, y guardamos sus mandamientos. Pues este es el amor a Dios, que guardemos sus mandamientos; y sus mandamientos no son gravosos. Porque todo lo que es nacido de Dios vence al mundo; y esta es la victoria que ha vencido al mundo, nuestra fe. ¿Quién es el que vence al mundo, sino el que cree que Jesús es el Hijo de Dios?

1 Juan 5:1-5

11

REGENERACIÓN, FE, AMOR: EN ESE ORDEN

En este capítulo, seguimos con el importantísimo texto de 1 Juan 5:1-5, el cual comenzamos a analizar en el capítulo anterior. Hay mucho más. Uno de mis objetivos aquí es mostrar que nuestra capacidad de amar a los demás de manera imperfecta se basa en nuestra seguridad de que, en Cristo, ya amamos de manera perfecta. En otras palabras, deseo que vean por ustedes mismos que, incluso cuando uno no ama como debiera, la perfección de Cristo es la que comparece delante de Dios en lugar de ese fallo. Y deseo que vean que la fe en Cristo, no el amor a las personas, es la manera de disfrutar esa unión con Él. Por ende, la fe tiene que venir primero, y ser la raíz del amor y ser diferente al amor. De lo contrario, el amor se destruye.

Si tú no vienes al amor de esta forma, tus fracasos probablemente te abrumen de culpa y desesperación. Si eso sucede, cederás, o bien a un duro legalismo, o bien a una inmoralidad fatalista.

Comencemos donde lo dejamos al final del capítulo anterior, con la cadena de pensamientos en 1 Juan 5:3-4. La razón por la que comenzamos aquí es ver cómo se relacionan entre sí la regeneración, la fe en Cristo y el amor a las personas. Y lo que marcará la diferencia es si lo puedes ver por ti mismo en la Palabra de Dios, no si lees lo que yo creo al respecto. Esa será la guía de mi presentación.

El primer eslabón: el amor a los demás

El versículo 3 dice: "Pues este es el amor a Dios, que guardemos sus mandamientos; y sus mandamientos no son gravosos". A veces las personas creen que guardar los mandamientos quiere decir amar a Dios. A menudo citan Juan 14:15: "Si me amáis, guardad mis mandamientos". Sin embargo, este texto claramente distingue el amor a Cristo y obedecer sus mandamientos. Si me amas (eso es una cosa), entonces guardarás mis mandamientos (esa es otra cosa). Una cosa conduce a la otra. Si tienes una, harás la otra. Amar y guardar los mandamientos no son idénticos. No está mal decir que amar a Jesús, o amar a Dios, incluye hacer lo que Él ordena. Pero eso no es todo. Por esta razón, Juan dice en 1 Juan 5:3: "y sus mandamientos no son gravosos". Amar al Señor no es solamente obediencia externa; quiere decir tener un corazón para Dios que no considera gravosos sus mandamientos.

Y si los mandamientos no son gravosos, ¿qué son? Son deseables. Lo que deseas hacer de todo corazón no es gravoso. Escucha al salmista. Salmo 40:8: "El hacer tu voluntad, Dios mío, me ha agradado, y tu ley está en medio de mi corazón". Salmo 119:24: "Pues tus testimonios son mis delicias y mis consejeros". Salmo 119:35: "Guíame por la senda de tus mandamientos, porque en ella tengo mi voluntad". Salmo 119:92: "Si tu ley no hubiese sido mi delicia, ya en mi aflicción hubiera perecido". Amar a Dios quiere decir admirarlo, valorarlo, atesorarlo y desearlo con tal ardor y autenticidad que su voluntad sea nuestra delicia y no una carga.

¿Cuáles mandamientos?

Antes de pasar al siguiente eslabón de la cadena de 1 Juan 5:3-4, asegurémonos de que sepamos a cuáles mandamientos de Dios el apóstol Juan se refiere de manera especial, cuando habla de guardar los mandamientos del Señor como una expresión de amarlo. El asunto es muy evidente si seguimos el hilo de pensamiento desde 4:20 en adelante. Juan dice en 4:20-21: "Si alguno dice: Yo amo a Dios, y aborrece a su hermano, es mentiroso. Pues el que no ama a su hermano a quien ha visto, ¿cómo puede amar a Dios a quien no ha visto? Y nosotros tenemos este mandamiento de él: El que ama a Dios, ame también a su hermano". Entonces, parece que la obediencia primordial a la que Juan se refiere que demostraría que amamos a Dios es amar a los demás, sobre todo a otros creyentes.

El apóstol insiste en este punto en 1 Juan 5:1: "y todo aquel que ama al que engendró, ama también al que ha sido engendrado por él". Ahí está otra vez: la señal de que amas a Dios es que amas a los demás, sobre todo a otros creyentes. Entonces el versículo 2 le da la vuelta y dice que amar a Dios es la señal de que amas a sus hijos: "En esto conocemos que amamos a los hijos de Dios, cuando amamos a Dios, y guardamos sus mandamientos". Creo que el punto de todo esto es protegernos de las reinterpretaciones sentimentales de lo que es el amor, reinterpretaciones que dejan a Dios y sus mandamientos totalmente fuera. Juan está diciendo que no hagan eso. No amas a nadie si no amas a Dios. Tal vez pienses que sí. Pero Juan dice en el versículo 2: "En esto conocemos que amamos a los hijos de Dios, cuando amamos a Dios…".

En definitiva, si no amas a Dios, no puedes hacer bien a nadie. Los puedes alimentar, vestir, albergar y mantenerlos cómodos mientras perecen. Pero, para Dios, eso en sí mismo no es el amor. El amor alimenta, viste y alberga, y guarda los mandamientos, los cuales incluyen ayudar a los demás a conocer y a amar a Dios en Cristo. Pero si no amas a Dios, no puedes hacer eso. Por tanto, si no amas a Dios no puedes amar a las personas de la manera en que cuenta para la eternidad.

Así tenemos nuestra respuesta. Cuando Juan dice: "Pues este es el amor a Dios, que guardemos sus mandamientos; y sus mandamientos no son gravosos", principalmente se refiere a los mandamientos resumidos en amar a los demás, sobre todo a los creyentes, y amarlos de tal manera que cuente para siempre. Entonces, podríamos parafrasear el versículo 3 así: "Este es el amor a Dios, que amamos a los demás, sobre todo a sus hijos, y que esta vida de amor cristiano sacrificial no es gravosa. Es lo que más deseamos hacer como expresión de nuestro amor al Padre".

El segundo eslabón: el nuevo nacimiento

Ahora bien, el segundo eslabón de la cadena de pensamiento en 1 Juan 5:3-4 es la primera parte del versículo 4: "Porque todo lo que es nacido de Dios vence al mundo...". Nota la palabra *porque* al principio. Juan dice que ahora va a explicar *por qué* amar a Dios guardando sus mandamientos, es decir, amando a otras personas, no es gravoso. No es gravoso, dice en el versículo 4, "porque todo lo que es nacido de Dios vence al mundo". ¿Por qué es eso un argumento?

Podemos amar a Dios y amar a los demás porque, en el nuevo nacimiento, hemos vencido al mundo: "Porque todo lo que es nacido de Dios vence al mundo...". Esto debe significar que hay fuerzas en el mundo que obran para obligarnos a no amar a Dios y no amarnos los unos a los otros. Pero, en el nuevo nacimiento, esas fuerzas han sido vencidas.

¿Cuáles serían esas fuerzas? Vayamos a 1 Juan 2:15-17 para obtener la respuesta más clara de esta carta:

> No améis al mundo, ni las cosas que están en el mundo.
> Si alguno ama al mundo, el amor del Padre no está en él.
> Porque todo lo que hay en el mundo, los deseos de la carne,
> los deseos de los ojos, y la vanagloria de la vida, no pro-
> viene del Padre, sino del mundo. Y el mundo pasa, y sus

deseos; pero el que hace la voluntad de Dios permanece para siempre.

He aquí las fuerzas del mundo que tienen que ser vencidas (v. 16): "los deseos de la carne, los deseos de los ojos, y la vanagloria de la vida…". Eso se podría resumir como los deseos de lo que no tenemos y el orgullo de lo que sí tenemos. Cuando *no tenemos* lo que deseamos, el mundo nos corrompe con codicia. Y cuando *sí tenemos* lo que deseamos, el mundo nos corrompe con orgullo.

Eso es lo que nos impide amar a Dios y amarnos unos a otros. Amamos las cosas. Y, si no las tenemos, las codiciamos. Y, cuando las tenemos, nos encanta hablar de ellas incesantemente, perdiendo tiempo en eso. ¿Y dónde está Dios en todo esto? En el mejor de los casos, está presente como un papá bueno y dadivoso. Puede que hasta le demos las gracias por todas las cosas materiales. Sin embargo, existe un tipo de gratitud que demuestra que nuestro dios es el don, no el Dador.

La razón principal por la que no amamos a Dios y consideramos gravoso amar a los demás es que codiciamos las cosas del mundo. Puede que sean cosas buenas. Puede que sean cosas malas. Puede que sean cosas materiales. Puede que sean relaciones. Cualquiera que sea su forma, no son Dios. Y cuando las deseamos más que a Él, son ídolos. Reemplazan el amor a Dios y el amor a las personas. Ese es el problema universal del mundo. ¿Cuál es la solución?

La respuesta de Juan está en 1 Juan 5:3-4. Él dice que la razón por la que amar a Dios y amar a las personas no es gravoso (v. 3) es que hemos nacido de nuevo, y ese nuevo nacimiento vence al mundo: "Porque todo lo que es nacido de Dios vence al mundo…". Ahora podemos ver lo que eso significa. Significa que el nuevo nacimiento arranca la raíz de todos esos deseos del mundo. Vencer al mundo significa que los deseos de la carne, y los deseos de los ojos y la vanagloria de la vida no nos gobiernan ya. No tienen poder.

El tercer eslabón: la fe en Jesús

¿Cómo es eso? La respuesta está en la segunda mitad del versículo 4 (el tercer eslabón de la cadena): "Y esta es la victoria que ha vencido al mundo, nuestra fe". La razón por la que el nuevo nacimiento vence los deseos de la carne, y los deseos de los ojos y la vanagloria de la vida es que crea fe.

La obra más inmediata y decisiva de Dios en el nuevo nacimiento es que la nueva vida que Él crea ve el valor superior de Jesús sobre todo lo demás (2 Co. 4:4, 6). Y sin lapso de tiempo alguno, esa visión espiritual del valor superior de Jesús da como resultado recibirlo como el Tesoro que es. Eso es fe: recibir a Jesús por todo lo que Él es, porque nuestros ojos han sido abiertos para ver su verdad, belleza y valía.

Por eso la fe vence al mundo. El mundo nos tenía subyugados por el poder de sus deseos. Pero ahora, nuestros ojos han sido abiertos por el nuevo nacimiento para ver lo superior que es el deseo de Jesús. Él es mejor que los deseos de la carne, y mejor que los deseos de los ojos y mejor que las riquezas que nos ahogan de codicia y orgullo (Mr. 4:19).

El orden: nuevo nacimiento, fe, amor

Ahora podemos contestar nuestra pregunta original acerca de la relación entre regeneración, fe en Cristo y amor a las personas. He aquí lo que podemos decir y por qué es tan importante.

Podemos decir, antes que nada, que la regeneración es la causa de la fe. Eso queda claro en 1 Juan 5:1: "Todo aquel que cree [es decir, que tiene fe] que Jesús es el Cristo, es nacido de Dios…". Haber nacido de Dios da como resultado que creamos. Nuestro creer es la prueba inmediata de que Él nos engendró.

En segundo lugar, podemos decir que amar a las personas es el fruto de esa fe. Por eso Juan argumenta en el versículo 4: la victoria que vence al mundo, es decir, que vence los obstáculos de amar a los demás, es nuestra fe.

Entonces, en el orden de causa tenemos: 1) nuevo nacimiento, 2) fe en Jesús y 3) guardar los mandamientos de Dios sin sentir que son una carga, o sea, amar a los demás. Dios produce el nuevo nacimiento. El nuevo nacimiento es la creación de vida nueva que ve a Cristo por quién es Él y lo recibe; y ese recibir arranca la raíz de los deseos del mundo y nos deja libres para amar.

Ahora bien, ¿por qué ese orden es tan importante?

Es importante porque nos impedirá confundir la fe salvadora con el amor a las personas. Hay quienes están combinando hoy día la fe en Cristo con el amor a las personas. Dicen que la fe en realidad significa fidelidad, y que la fidelidad incluye el amor a las personas y, por eso, no hay manera de distinguir la fe en Cristo del amor a las personas.

Fe y amor: inseparables, pero distinguibles

Sin embargo, mezclar la fe en Cristo con el amor a las personas es un error mortal. Intentaré explicar por qué. La fe en Cristo y el amor a las personas *son* inseparables. Pero no son indistinguibles. Son tan inseparables que Juan puede resumir todas las exigencias de Dios en estas dos: fe y amor. Primera de Juan 3:23: "Y este es su mandamiento [singular]: Que *creamos* en el nombre de su Hijo Jesucristo, y nos *amemos* unos a otros como nos lo ha mandado". Ese es el resumen de todas las pruebas de la vida en la carta de Juan: creer en Jesús y amarse mutuamente.

No obstante, el orden de las causas es importantísimo. Y la razón por la que es importantísimo es la siguiente: llegará un día en que no amarás como deberías. ¿Qué harás si tu corazón te condena porque sabes que el amor es una señal del nuevo nacimiento? ¿Cómo pelearás la batalla de la seguridad en ese momento?

Jesús el Justo

He aquí una manera crucial de pelear por tu esperanza en ese momento, y depende de una clara distinción entre la fe en Cristo y el amor a las personas. Ve a 1 Juan 2:1 y lee: "Hijitos míos, estas cosas os escribo para que no pequéis; y si alguno hubiere pecado [es decir, si no amas a los demás como debieras], abogado tenemos para con el Padre, a Jesucristo el justo". Juan supone que, incluso cuando fallas, cuando pecas, cuando no amas como debieras, tienes Abogado delante de Dios. Y ese Abogado se llama "el Justo". Es decir, es perfecto (véase Ro. 8:33-34).

Aun si has pecado, Jesús nunca ha pecado. Incluso si no has amado como debieras, Él nunca ha dejado de amar como debiera. Y ese Perfecto comparece delante de Dios y aboga por ti, no en contra de ti, sino a tu favor, precisamente porque has pecado: "Y si alguno hubiere pecado, abogado tenemos... a Jesucristo el justo".

El énfasis recae en la justicia de Cristo, en su perfección. Recae en el hecho de que Él hace perfectamente lo que tú no pudiste hacer. La razón por la que esto funciona para nosotros es que la fe es la que lo recibe. Y cuando la fe lo recibe, Él es todo lo que necesitamos delante de Dios. Es nuestra justicia y nuestra perfección, y nuestro amor perfecto. Ese es el fondo de nuestra esperanza delante de un Dios santo.

Por eso es tan importante ver que creer en Jesús es distinto de amar a las personas y es la raíz de ello. Creer en Jesús quiere decir recibirlo. Amar a los demás significa acercarnos a ellos. Podemos acercarnos a ellos de manera imperfecta porque hemos recibido a Jesús como nuestra perfección. Recibir a Jesús quiere decir que Él es el fundamento de nuestra salvación. Es el fondo del fundamento de nuestra esperanza. Es su justicia, su perfección y su amor que, a la larga, cuentan para nosotros delante del Padre. La fe en Jesús, no el amor a las personas, recibe a Cristo como mi justicia sustituta, perfección y amor.

Por esta razón, puedo tener esperanza, incluso cuando tropiezo. Mi posición delante de Dios no cambia por causa de mi andar y tropezar. Mi posición delante de Dios es la justicia de mi Abogado. Mi Abogado perfecto, Jesucristo, dice hoy: "Padre, por amor a mí, mira con tu favor a John, mi siervo imperfecto. En nombre de mi amor perfecto, míralo a él con tu favor en su amor imperfecto. Tú sabes todas las cosas, Padre (1 Jn. 3:20). Sabes que en su corazón, él se apoya en mí y confía en mí. Por tanto, yo soy suyo, y mi amor perfecto cuenta como suyo".

Nuestro Abogado perfecto

Dios me ve en Cristo. Y yo no desespero por causa de mi fracaso. No estoy paralizado por causa de la desesperanza. Confieso que no puedo amar (1 Jn. 1:9). Acepto el perdón que Él compró. Mi posición se fundamenta en la propiciación que Él proporcionó y que eliminó la ira (1 Jn. 2:2). Y yo consuelo a mi corazón (1 Jn. 3:19) diciéndole que Dios me ve a través de mi Abogado, mi Abogado perfecto.

Por lo tanto, termino donde comencé. Era mi deseo que vieras por ti mismo que nuestra capacidad de amar a los demás de manera imperfecta se basa en que, en Cristo, ya los amamos perfectamente. Es decir, el hecho de que Él los ama perfectamente cuenta como si nosotros amáramos así, si estamos en Él solo por fe. Jesús es la perfección que necesitamos delante de Dios. Y la tenemos, no por amar a los demás, sino por confiar en Él. Esa misma seguridad es la llave para amar a los demás. Y, si perdemos esa llave, lo perdemos todo, incluido el poder de amar a otros.

Mirad cuál amor nos ha dado el Padre, para que seamos llamados hijos de Dios; por esto el mundo no nos conoce, porque no le conoció a él. Amados, ahora somos hijos de Dios, y aún no se ha manifestado lo que hemos de ser; pero sabemos que cuando él se manifieste, seremos semejantes a él, porque le veremos tal como él es. Y todo aquel que tiene esta esperanza en él, se purifica a sí mismo, así como él es puro. Todo aquel que comete pecado, infringe también la ley; pues el pecado es infracción de la ley. Y sabéis que él apareció para quitar nuestros pecados, y no hay pecado en él. Todo aquel que permanece en él, no peca; todo aquel que peca, no le ha visto, ni le ha conocido. Hijitos, nadie os engañe; el que hace justicia es justo, como él es justo. El que practica el pecado es del diablo; porque el diablo peca desde el principio. Para esto apareció el Hijo de Dios, para deshacer las obras del diablo. Todo aquel que es nacido de Dios, no practica el pecado, porque la simiente de Dios permanece en él; y no puede pecar, porque es nacido de Dios. En esto se manifiestan los hijos de Dios, y los hijos del diablo: todo aquel que no hace justicia, y que no ama a su hermano, no es de Dios.

1 Juan 3:1-10

12

LIBERTAD DE LA PRÁCTICA DEL PECADO

La pregunta que abordaremos en este capítulo es: *¿De qué forma las personas que han experimentado el milagro del nuevo nacimiento lidian con su propia maldad, mientras intentan vivir en la plena seguridad de su salvación?* Es decir, ¿cómo batallamos con el conflicto entre la realidad de nuestro nuevo nacimiento, por un lado, y nuestro pecado constante, por el otro? ¿Cómo equilibramos el peligro de perder la seguridad de la salvación y el peligro de ser presuntuosos por nuestro nuevo nacimiento, cuando tal vez no sea así? ¿Cómo podemos disfrutar la seguridad de haber nacido de nuevo y, al mismo tiempo, no tomar a la ligera la maldad de nuestra vida que está tan desfasada con el nuevo nacimiento?

DIOS NOS LLAMA A LA SEGURIDAD PLENA

La Primera Epístola de Juan, más que ningún otro libro de la Biblia, parece estar concebida para ayudarnos en esa batalla práctica de todos los días. Considera 1 Juan 5:13: "Estas cosas os he escrito a vosotros que creéis en el nombre del Hijo de

Dios, para que sepáis que tenéis vida eterna...". Este libro está escrito, dice él, para ayudar a los creyentes a tener la plena seguridad de que han nacido de nuevo, es decir, de que tienen una vida espiritual nueva en ellos que nunca morirá. Juan desea que nosotros —Dios desea que nosotros— experimentemos algo a través de esta carta que nos dé una confianza profunda en que hemos pasado de muerte a vida.

En 1 Juan 3:14 leemos: "Nosotros sabemos que hemos pasado de muerte a vida...". Jesús dice en Juan 5:24: "De cierto, de cierto os digo: El que oye mi palabra, y cree al que me envió, tiene vida eterna; y no vendrá a condenación, mas ha pasado de muerte a vida". De manera que tanto Juan como Jesús tienen el celo de que nosotros los creyentes sepamos que el juicio y la muerte han quedado atrás, porque nuestro juicio se dictaminó cuando Cristo fue juzgado en nuestro lugar, y nuestra muerte sucedió cuando Jesús murió en nuestro lugar. Por eso hay nueva vida en nosotros, y esa vida no puede perecer ni nadie nos la puede arrebatar. Es eterna. Esa es la seguridad que Juan y Jesús quieren para nosotros: "Estas cosas os he escrito... para que sepáis que tenéis vida eterna" (1 Jn. 5:13).

Lo que dijeron los falsos maestros

Sin embargo, parece que algo sucede, en las iglesias a las que Juan les escribe, que le preocupa mucho. Sea lo que fuese, amenaza con destruir esa seguridad. Hay falsos maestros que dicen cosas que pueden dar la impresión de ser buenas nuevas y una gran seguridad, pero que tendrán el efecto contrario. Al lidiar con esos maestros falsos, Juan nos muestra cómo pelear con nuestro propio pecado en relación con nuestra lucha por la seguridad. ¿Qué estaban diciendo esos falsos maestros?

En primer lugar, estaban diciendo que el Hijo de Dios preexistente, Jesucristo, no había venido en carne. Ellos no creían en la unión total del Hijo de Dios preexistente con una naturaleza humana carnal como la nuestra. Esto es lo que Juan dice de ellos en 1 Juan 4:1-3:

> Amados, no creáis a todo espíritu, sino probad los espíritus si son de Dios; porque muchos falsos profetas han salido por el mundo. En esto conoced el Espíritu de Dios: Todo espíritu que confiesa que Jesucristo ha venido en carne, es de Dios; y todo espíritu que no confiesa que Jesucristo ha venido en carne, no es de Dios...

Esos falsos maestros separaban a Cristo de la carne. Vemos eso en el versículo 2. Juan insistía en lo mismo que algunos estaban negando: "Todo espíritu que confiesa que *Jesucristo ha venido en carne*, es de Dios". A ellos no les gustaba la idea de que el Cristo preexistente estuviera unido con carne humana.

UNA MALA CRISTOLOGÍA PRODUCE UNA MALA MORALIDAD

He aquí la razón oportuna para nuestra pregunta en este capítulo. Esta perspectiva de la persona de Cristo no unida a la carne física tenía, evidentemente, un efecto práctico y moral en la manera en que esos falsos maestros veían la vida cristiana. Así como ellos desvinculaban la persona de Cristo de la vida física ordinaria, así desvinculaban ser cristianos de la vida física ordinaria.

Uno de los lugares donde esto se ve más claramente es en 1 Juan 3:7: "Hijitos, nadie os engañe [es decir, está pensando en los falsos maestros]; el que hace justicia es justo, como él es justo". ¿Qué está diciendo? Está diciendo: "Cuidado con los falsos maestros porque lo que dicen es que puedes ser justo sin practicar la justicia". "Nadie te engañe; el que hace justicia es justo".

En otras palabras, Juan se opone no solo a su punto de vista sobre Cristo, que desvincula su persona de su vida corporal ordinaria, sino que también se opone a su perspectiva de la vida cristiana cuando desvincula nuestra persona de la vida física común. Los falsos maestros dicen: "La carne en realidad no importaba para Jesús. Lo que importa es que, de alguna forma, de una manera espiritual, Él es el Cristo, y no hay unión verdadera del Cristo preexistente y el Jesús hombre físico. Y nuestra carne en realidad tampoco importa; de alguna forma, de una manera espiritual, nacemos de nuevo. Sin embargo, no hay una unión verdadera entre esa nueva creación y nuestra vida física que haga justicia o peque". Esto llevó directamente al error que Juan señala en 1 Juan 3:7: que uno puede ser justo de alguna manera espiritual y no hacer justicia en la vida física ordinaria.

Juan tiene tres respuestas a esta enseñanza falsa.

La encarnación de Cristo dura para siempre

En primer lugar, él insiste en que la carne de Jesús y la persona del Cristo preexistente son inseparables después de la encarnación. Primera de Juan 4:2: "En esto conoced el Espíritu de Dios: Todo espíritu que confiesa que Jesucristo ha venido en carne, es de Dios". Nota que no dice "*vino* en la carne", como si esa unión con la carne y los huesos hubiera sucedido por un tiempo y luego se hubiera detenido. Dice "*ha venido* en carne".

Esa encarnación dura para siempre. La segunda persona de la Trinidad siempre estará unida con la naturaleza humana. Siempre lo conoceremos como Jesús, uno de nosotros, e infinitamente superior a nosotros, el primogénito entre muchos hermanos (Ro. 8:29). Dios no despreció, ni desprecia, la creación física que Él hizo. Cristo ha venido en carne. Y el Hijo de Dios permanece en la carne para siempre. De manera que la primera respuesta a la enseñanza falsa es aclarar su perspectiva de Cristo. Su ser físico no es un espejismo. No es secundario. No carece de importancia. El hecho de que tenga cuerpo lo marca y lo identifica para siempre.

El obrar cristiano confirma el ser cristiano

La segunda respuesta de Juan a la enseñanza falsa es negar categóricamente su enseñanza de que el *ser* espiritual se puede separar del *obrar* físico. De hecho, Juan insiste en que el ser espiritual debe ser validado por el obrar físico o, de lo contrario, el ser espiritual no es verdadero. Eso es lo que vimos en 1 Juan 3:7: "Hijitos, nadie os engañe; el que hace justicia es justo, como él es justo". Los engañadores estaban diciendo: Tú puedes *ser* justo y no *practicar* la justicia. Juan dice: las únicas personas que *son* justas son las que *practican* la justicia. El obrar confirma el ser.

Eso es lo que Juan explica una y otra vez en esta carta. Por ejemplo, en 1 Juan 2:29 dice: "Si sabéis que él es justo, sabed también que todo el que hace justicia es nacido de él". En otras palabras, hacer justicia es la prueba y confirmación de haber nacido de nuevo.

O considera 1 Juan 3:9: "Todo aquel que es nacido de Dios, no practica el pecado, porque la simiente de Dios permanece en él; y no puede pecar, porque es nacido de Dios". La práctica del pecado es la prueba y confirmación de que alguien no ha nacido de Dios. El obrar confirma el ser. No practicar el pecado es la prueba y confirmación de que alguien ha nacido de nuevo.

Y la razón por la que el nuevo nacimiento cambia inevitablemente la vida de pecado, dice Juan, es que, cuando nacemos de nuevo, "la simiente de Dios" mora en nosotros y "no podemos pecar". Así de real es el vínculo entre el nuevo nacimiento y la vida física diaria. La "simiente" aquí puede ser el Espíritu de Dios, o la Palabra de Dios, o la naturaleza de Dios, o los tres. Sea lo que fuese específicamente, el mismo Dios obra en el nuevo nacimiento de una manera tan potente que no podemos seguir practicando el pecado. La nueva presencia del Señor no puede tener paz con un patrón de conducta pecaminosa.

Esos falsos maestros que creen que pueden separar quiénes son espiritualmente de quiénes son físicamente no comprenden ni la encarnación ni la regeneración. En la encarnación, el Cristo preexistente está realmente unido a un cuerpo físico. Y en la regeneración, la nueva creación en Cristo tiene efectos reales e inevitables en nuestra vida física de obediencia.

LOS REGENERADOS NO SON INMACULADOS

La tercera respuesta de Juan a la enseñanza falsa es rechazar toda teoría de pureza absoluta en las personas que han nacido de nuevo. Evidentemente, la manera en que esa falsa enseñanza estaba obrando era que, al desvincular el *"ser* justo" del *"hacer* justicia" (3:7), podían entonces decir: "Y bien, incluso si tu cuerpo hace cosas que son pecaminosas, ese no eres tú realmente. Tu 'yo' verdadero es el 'yo' que ha nacido de nuevo: y ese 'yo' verdadero es tan superior a la vida física diaria que nunca se contamina con el pecado".

Por tanto, esa desvinculación que los maestros falsos hicieron entre quién es uno y lo que uno hace los llevó, evidentemente, a decir que los cristianos en realidad nunca pecan. ¿Cómo podríamos pecar? Hemos nacido de Dios. Somos nuevas criaturas. Tenemos la simiente de Dios en nosotros. Así, Juan apunta a este error tres veces. Es importante que los veas en el texto tú mismo, porque están ahí para que los uses personalmente para derrotar las acusaciones de Satanás de que tus pecados demuestran que no has nacido de nuevo.

En primer lugar, 1 Juan 1:8 dice: "Si decimos que no tenemos pecado, nos engañamos a nosotros mismos, y la verdad no está en nosotros". ¡Nosotros! Nosotros, que hemos nacido de nuevo. En otras palabras, no permitas que el engaño de esos falsos maestros llegue hasta tu propio autoengaño. No hay cristianos que no pequen.

En segundo lugar, 1 Juan 2:1 dice: "Hijitos míos, estas cosas os escribo para que no pequéis; y si alguno hubiere pecado, abogado tenemos para con el Padre, a Jesucristo el justo". En otras palabras, Juan no supone que, si pecas, no has nacido de nuevo. Más bien supone que, si pecas, tienes Abogado. Y solo los que han nacido de nuevo tienen a ese Abogado.

En tercer lugar, 1 Juan 5:16-17 dice: "Si alguno viere a su hermano cometer pecado que no sea de muerte, pedirá, y Dios le dará vida; esto es para los que cometen pecado que no sea de muerte. Hay pecado de muerte, por el cual yo no digo que se pida. Toda injusticia es pecado; pero hay pecado no de muerte".

Nota la última cláusula: "hay pecado no de muerte". Por esto uno puede ver a su hermano cuando comete pecado. Es nuestro hermano. Ha nacido de nuevo. Y está pecando. ¿Cómo puede ser eso? Porque hay pecado no de muerte. No me parece que Juan se refiera a clases particulares de pecado, sino más bien a grados de arraigo y persistencia habitual. Hay un grado de pecado confirmado que te podría llevar adonde ya no puedas regresar; serás como Esaú, que procuró el arrepentimiento con lágrimas y no pudo hallarlo (He. 12:16-17). No pudo arrepentirse. De haber podido, hubiera habido perdón. Pero el corazón se puede endurecer tanto por el pecado que incluso su deseo de arrepentirse es falso.

Cómo lidiar con nuestro propio pecado constante

Ahora llegamos a la pregunta que planteamos al principio: ¿De qué forma las personas que han experimentado el milagro del nuevo nacimiento lidian con su propia maldad, mientras intentan vivir en la plena seguridad de su salvación? Mi respuesta es: Tú lidias con la maldad según cómo uses la enseñanza de Juan. El apóstol advierte contra la hipocresía (afirmar que se ha nacido de nuevo cuando la vida lo contradice), y celebra la abogacía y propiciación de Cristo por los pecadores que han nacido de nuevo.

La pregunta es: ¿Cómo usas esas dos verdades? ¿Cómo puedes usar la advertencia de que podrías engañarte? ¿Cómo usas la promesa de que "si hemos pecado tenemos abogado"? La prueba de tu nuevo nacimiento descansa en cómo funcionan esas dos verdades en tu vida.

Es así como funcionan si usted ha nacido de nuevo.

De la presunción al Abogado

Una situación común para los creyentes es caer en la presunción pecaminosa. Se está deslizando hacia una manera de pensar tibia, negligente y presuntuosa acerca de su propia maldad. Está empezando a sentirse cómodo o indiferente ante si es santo o mundano. Está aflojando la vigilancia contra las malas actitudes y conductas, y está comenzando a conformarse con sus patrones de conducta pecaminosa.

Cuando la persona que ha nacido de nuevo experimenta esa clase de desliz, la verdad de 1 Juan 3:9 ("Todo aquel que es nacido de Dios, no practica el pecado...") tiene el efecto, mediante el Espíritu Santo, de despertarlo al peligro de su condición para que acuda rápidamente a su Abogado y propiciación para encontrar misericordia, perdón y justicia. Confiesa su pecado y recibe limpieza (1:9). Su amor por Cristo se renueva y la dulzura de su relación se recupera. El aborrecimiento del pecado se restaura y el gozo del Señor vuelve a ser su fortaleza.

De la desesperación al Abogado

Otra situación común para los creyentes es caer en la desesperación. Te hundes en el temor y el desaliento, e incluso en la desesperación, porque tu justicia, tu amor por los demás y tu lucha contra el pecado no son suficientes. Tu conciencia te condena, y tus propias obras te parecen tan imperfectas que nunca podrían demostrar que has nacido de nuevo.

Cuando la persona que ha nacido de nuevo experimenta eso, la verdad de 1 Juan 2:1 produce el efecto, mediante el Espíritu, de rescatarlo de la desesperación: "Hijitos míos [es su deseo ser tierno con nuestras conciencias], estas cosas os escribo para que no pequéis; y si alguno hubiere pecado, abogado tenemos para con el Padre, a Jesucristo el justo".

La advertencia de Juan acerca de la hipocresía nos llama para que regresemos del precipicio de la presunción. La promesa de Juan de un Abogado nos llama para que regresemos del precipicio de la desesperación.

El poder redentor de la Palabra de Dios

El nuevo nacimiento te permite escuchar las Escrituras y usarlas de una manera útil y redentora. El nuevo nacimiento no usa la promesa de que "abogado tenemos" para justificar una actitud de indiferencia arrogante ante el pecado. El nuevo nacimiento no usa la advertencia de que "todo aquel que es nacido de Dios, no practica el pecado" para echar gasolina al fuego de la desesperación. El nuevo nacimiento trae un discernimiento espiritual que percibe cómo usar la enseñanza de Juan: el nuevo nacimiento recibe un escarmiento serio mediante las advertencias, y el nuevo nacimiento recibe poder y se emociona con la promesa de un Abogado y de propiciación.

Que el Señor confirme tu nuevo nacimiento a medida que experimentas ambas respuestas a la Palabra de Dios. Que Él te conceda aceptar tanto la advertencia como el consuelo. Que escuches la Palabra de Dios como Él quiso que la escucharas, y que la Palabra suficiente de Dios preserve la plena seguridad de tu salvación.

Amados, amémonos unos a otros; porque el amor es de Dios. Todo aquel que ama, es nacido de Dios, y conoce a Dios. El que no ama, no ha conocido a Dios; porque Dios es amor. En esto se mostró el amor de Dios para con nosotros, en que Dios envió a su Hijo unigénito al mundo, para que vivamos por él. En esto consiste el amor: no en que nosotros hayamos amado a Dios, sino en que él nos amó a nosotros, y envió a su Hijo en propiciación por nuestros pecados. Amados, si Dios nos ha amado así, debemos también nosotros amarnos unos a otros. Nadie ha visto jamás a Dios. Si nos amamos unos a otros, Dios permanece en nosotros, y su amor se ha perfeccionado en nosotros. En esto conocemos que permanecemos en él, y él en nosotros, en que nos ha dado de su Espíritu. Y nosotros hemos visto y testificamos que el Padre ha enviado al Hijo, el Salvador del mundo. Todo aquel que confiese que Jesús es el Hijo de Dios, Dios permanece en él, y él en Dios. Y nosotros hemos conocido y creído el amor que Dios tiene para con nosotros. Dios es amor; y el que permanece en amor, permanece en Dios, y Dios en él. En esto se ha perfeccionado el amor en nosotros, para que tengamos confianza en el día del juicio; pues como él es, así somos nosotros en este mundo. En el amor no hay temor, sino que el perfecto amor echa fuera el temor; porque el temor lleva en sí castigo. De donde el que teme, no ha sido perfeccionado en el amor. Nosotros le amamos a él, porque él nos amó primero. Si alguno dice: Yo amo a Dios, y aborrece a su hermano, es mentiroso. Pues el que no ama a su hermano a quien ha visto, ¿cómo puede amar a Dios a quien no ha visto? Y nosotros tenemos este mandamiento de él: El que ama a Dios, ame también a su hermano.

1 Juan 4:7-21

13

Amar a los demás con el amor de Dios

El aspecto del nuevo nacimiento en el que nos vamos a concentrar en este capítulo es el hecho de que este crea la conexión entre el amor de Dios por nosotros y nuestro amor por los demás. Si alguien pregunta alguna vez: *¿Cómo el hecho de que Dios te ame da como resultado amar a los demás?*, la respuesta es: el nuevo nacimiento crea esa conexión. El nuevo nacimiento es el acto del Espíritu Santo de conectar nuestros corazones muertos y egoístas con el corazón vivo y amoroso de Dios para que su vida se convierta en nuestra vida, y su amor se convierta en nuestro amor.

Esto se ve claramente en 1 Juan 4:7-12. Juan demuestra el vínculo de dos maneras: en primer lugar, enseña que la naturaleza de Dios es amor, de forma que, cuando nacemos de nuevo por Él, compartimos esa naturaleza; y, en segundo lugar, muestra que la manifestación de esa naturaleza en la historia fue enviar a su Hijo para que nosotros tuviéramos vida eterna a través de Él. Veámoslos uno por uno, y notemos cómo se relacionan con el nuevo nacimiento.

La naturaleza de Dios es amor

Primero, los versículos 7-8: la naturaleza de Dios es amor. "Amados, amémonos unos a otros; porque el amor es de Dios. Todo aquel que ama, es nacido de Dios, y conoce a Dios. El que no ama, no ha conocido a Dios; porque Dios es amor". Nota que dice dos cosas. El versículo 7 dice que "el amor es *de* Dios". Y el versículo 8 dice que "Dios *es* amor". Estos no están desvinculados, porque cuando Juan dice que "el amor es *de* Dios", no quiere decir que sea de Él, de la forma en que las cartas son de un cartero o incluso de un amigo. Quiere decir que el amor es de Dios, de la manera en que el calor es del fuego, o que la luz es del sol. El amor pertenece a la naturaleza de Dios. Está entretejido en lo que Él es. Forma parte de lo que significa ser Dios. El sol da luz porque es luz. Y el fuego da calor porque es calor.

Entonces, lo que quiere decir Juan es que, en el nuevo nacimiento, este aspecto de la naturaleza divina se convierte en parte de quién eres tú. El nuevo nacimiento es la impartición de vida divina, y una parte indispensable de esa vida es el amor. La naturaleza de Dios es amor y, en el nuevo nacimiento, esa naturaleza se convierte en parte de quién eres tú.

Nota el versículo 12: "Nadie ha visto jamás a Dios. Si nos amamos unos a otros, Dios permanece en nosotros, y su amor se ha perfeccionado en nosotros". Cuando naces de nuevo, recibes al mismo Dios. Él mora en ti y derrama su amor en tu corazón (Ro. 5:5). Y su objetivo es que ese amor se perfeccione en ti. Nota la frase "su amor" en el versículo 12. El amor que tienes como persona que ha nacido de nuevo no es una mera imitación del amor divino. Es una experiencia del amor divino y una prolongación de ese amor hacia los demás.

Así, la primera forma en que Juan vincula el amor de Dios por nosotros con nuestro amor a las personas es centrándose en la naturaleza de Dios, que es amor, y en cómo el nuevo nacimiento nos conecta con eso.

El amor de Dios revelado al enviar a su Hijo

Luego, en segundo lugar, considera 1 Juan 4:9-11, donde el apóstol se centra en la *manifestación* principal de ese amor divino en la historia.

> En esto se mostró el amor de Dios para con nosotros, en que Dios envió a su Hijo unigénito al mundo, para que vivamos por él. En esto consiste el amor: no en que nosotros hayamos amado a Dios, sino en que él nos amó a nosotros, y envió a su Hijo en propiciación por nuestros pecados. Amados, si Dios nos ha amado así, debemos también nosotros amarnos unos a otros.

En la mente de Juan, la gran manifestación del amor de Dios es que Él envió a su Hijo. Juan lo dice dos veces en los versículos 9-10. El objetivo de ese envío, dice él, fue ser la propiciación por nuestros pecados. Eso es lo que hace que el envío sea amor. ¿Y qué es la propiciación? Quiere decir que vino a llevar el castigo por el pecado y, por ende, a ser el que quita la ira de Dios de nosotros (Ro. 8:3; Gá. 3:13).

¡Piénsalo! Eso significa que fue el amor de Dios lo que envió a su Hijo a llevar la justa pena de Dios y a eliminar la justa ira de Dios. La mayor manifestación del amor del Padre es su acción unilateral de satisfacer su propia ira.

Y la manera en que el Hijo lo hace se menciona en 1 Juan 3:16: "En esto hemos conocido el amor, en que él puso su vida por nosotros…". Así, el Hijo se convirtió en nuestra propiciación porque dio su vida por nosotros. Murió por nosotros. Y Juan dice que esa es la manifestación de la naturaleza de Dios. Así es Él. Nota algo más que Juan dice en 4:10: "En esto consiste el amor: no en que nosotros hayamos amado a Dios, sino en que él nos amó a nosotros, y envió a su Hijo…". ¿Qué es lo que quiere dejar claro en esa negación: "En esto consiste el amor: no en que nosotros hayamos amado a Dios…"? Hace hincapié en que la naturaleza y el origen del amor no descansan en nuestra respuesta a Dios. No es ahí donde comienza el amor. Eso no es principalmente lo que es el amor. El amor comienza con Dios. Y si algo de lo que sentimos o hacemos se puede llamar amor será porque estamos conectados con Dios por medio del nuevo nacimiento.

Ahora hemos visto dos cosas acerca del amor del Señor. En primer lugar, Juan muestra que la naturaleza de Dios es amor, de manera que, cuando nacemos de nuevo por Él, compartimos esa naturaleza; y, segundo, muestra que la manifestación de ese amor en la historia fue enviar a su Hijo para que nosotros tuviéramos vida eterna a través de Él.

¿QUÉ SIGNIFICA "DEBEMOS"?

Ahora bien, no dejes de notar el importantísimo lugar que ocupa el nuevo nacimiento en relación con la manifestación del amor de Dios, así como la naturaleza del amor de Dios. Juan dice en 1 Juan 4:11: "Amados, si Dios nos ha amado así [es decir, envió a su Hijo de esa forma por nosotros], *debemos* también nosotros amarnos unos a otros". Cuando Juan escribe eso, ¿cómo hemos de entender la palabra *debemos*? Si te olvidaste algo de los cinco versículos anteriores, tal vez pudieras decir: "Y bien, el propósito de la encarnación es la imitación. Dios nos amó. Vemos cómo lo hizo, y lo hacemos nosotros también. Estamos obligados a imitarlo".

Sin embargo, el apóstol no ha olvidado lo que escribió en los versículos 7-8: "Todo aquel que ama, es nacido de Dios, y conoce a Dios. El que no ama, no ha conocido a Dios; porque Dios es amor". De manera que cuando dice "debemos también nosotros amarnos unos a otros", con *debemos* se refiere a la manera en que los peces deben nadar en el agua, y los pájaros deben volar en el aire, y las criaturas vivas deben respirar, y los melocotones deben ser dulces, y los limones deben ser agrios. Y las personas que nacen de nuevo deben amar. Se trata de quiénes somos.

No es una mera imitación. Para los hijos de Dios, la imitación se vuelve realidad. Estamos practicando y expresando quiénes somos cuando amamos. La simiente de Dios está en nosotros. El Espíritu de Dios está en nosotros. La naturaleza de Dios está en nosotros. El amor de Dios se perfecciona en nosotros.

Sí, existe el impulso externo de ver en la historia al Hijo de Dios dando su vida por nosotros y obligándonos de esa forma. Sin embargo, lo singular acerca de la vida cristiana es que también hay un impulso interno que viene de ser nacido de nuevo y de tener el mismo amor que envió al Hijo al mundo latiendo en nuestra alma mediante la vida de Dios dentro de nosotros. El nuevo nacimiento nos capacita para experimentar la manifestación del amor divino en la historia como una realidad interna del Espíritu de Dios en nosotros.

Vuelvo, pues, a lo que dije al principio del capítulo. El aspecto del nuevo nacimiento en el que deseo que nos centremos es el hecho de que este crea la conexión entre el amor de Dios por nosotros y nuestro amor por los demás. Si alguien pregunta alguna vez: ¿Cómo el hecho de que Dios te ame da como resultado amar a los demás?, la respuesta es: el nuevo nacimiento crea esa conexión. El nuevo nacimiento es el acto del Espíritu Santo de conectar nuestros corazones muertos y egoístas con el corazón vivo y amoroso de Dios para que su vida se convierta en nuestra vida, y su amor se convierta en nuestro amor.

Hemos visto que ese amor es tanto por la naturaleza de quién es Dios como por la manifestación de lo que Él ha hecho en la historia al enviar a su propio Hijo a poner su vida en propiciación por nuestros pecados y darnos vida eterna. El nuevo nacimiento nos conecta con esa manifestación del amor de tal manera que define quiénes somos como hijos de Dios. Si hemos nacido de nuevo, nos amamos unos a otros.

Cómo aman los nacidos de nuevo

Lo que deseo hacer el resto de este capítulo es aplicar lo que hemos visto a cómo nos amamos mutuamente en la práctica: "Amados, si Dios nos ha amado así, debemos también nosotros amarnos unos a otros". Si somos personas regeneradas, somos personas de amor. Si hemos nacido de nuevo, el amor de Dios está dentro de nosotros: "Nosotros sabemos que hemos pasado de muerte a vida, en que amamos a los hermanos..." (1 Jn. 3:14).

¿Cómo será esto?

Juan menciona varias formas específicas en que el amor de Dios será real en nuestra vida mediante el nuevo nacimiento. Voy a mencionar dos.

Regocijarse con humildad
en la bondad de los demás

> Porque este es el mensaje que habéis oído desde el principio: Que nos amemos unos a otros. No como Caín, que era del maligno y mató a su hermano. ¿Y por qué causa le mató? Porque sus obras eran malas, y las de su hermano justas. Hermanos míos, no os extrañéis si el mundo os aborrece. Nosotros sabemos que hemos pasado de muerte a vida, en que amamos a los hermanos... (1 Jn. 3:11-14).

Ahora bien, esa forma específica de amor en el versículo 12 puede parecerte totalmente innecesaria: "No seas como Caín, que mató a su hermano". ¿De verdad me preocupa que haya una serie de asesinos entre los cristianos? No. Y tampoco creo que Juan temiera eso, aunque sí sucede. Juan no se centra en el asesinato. Pregunta en el versículo 12: "¿Y por qué lo mató?". Esa es la preocupación de Juan. Hay algo en la motivación de Caín que él cree que será relevante para el modo en que los creyentes se aman.

Contesta al final del versículo 12: "Porque sus obras eran malas, y las de su hermano justas". Lo que Juan está diciendo aquí no es solo que el amor no mata a un hermano, sino que ese amor no se resiente cuando un hermano es superior de alguna forma espiritual o moral. Caín no mató a Abel sencillamente porque era malo. Lo mató porque la diferencia entre la bondad de Abel y su maldad lo enojó. Le hizo sentir culpable. Abel no tenía que decir nada; su bondad era un recordatorio constante para Caín de que él era malo. Y, en lugar de lidiar con su propia maldad mediante el arrepentimiento y el cambio, se deshizo de Abel. Si no te gusta lo que ves en el espejo, rompe el espejo.

Entonces, ¿cómo sería para cualquiera de nosotros ser como Caín? Significaría que cada vez que una debilidad o un mal hábito queda al descubierto en nuestra vida al compararlo con la bondad de otra persona, en lugar de lidiar con la debilidad o el mal hábito, lo mantenemos alejado de aquellos cuyas vidas nos hacen sentir defectuosos. No los matamos. Los evitamos. O peor aún, buscamos la forma de criticarlos para neutralizar la parte de su vida que nos hace sentir convicción de pecado. Nos parece que la mejor forma de anular lo bueno de una persona es llamando la atención sobre lo que tiene de malo. Y así nos protegemos de lo bueno que podría ser para nosotros.

Sin embargo, Juan explica que el amor no se comporta de esa forma. El amor se alegra cuando los hermanos y las hermanas progresan en los buenos hábitos, las buenas actitudes o la buena conducta. El amor se regocija en ese crecimiento. Y, si por casualidad es más rápido que nuestro propio crecimiento, entonces el amor es humilde y se regocija con aquellos que se regocijan.

Entonces, la lección para nosotros es: cada vez que veas crecimiento, virtud, disciplina espiritual, buenos hábitos o una buena actitud, regocíjate en ello. Da gracias por ello. Halágalo. No te resientas. No seas como Caín. Responde de la manera contraria a como lo hizo Caín. Inspírate con la bondad de otras personas.

El amor es humilde. El amor se deleita en la bondad de otras personas. El amor no protege sus propias faltas. El amor da pasos para cambiarlas. ¡Qué hermosa comunión donde todos se regocijan en los puntos fuertes de los demás y no se resienten por ello! Así es el amor de Dios cuando el nuevo nacimiento vivifica a su pueblo.

Cómo satisfacer las necesidades de los demás,
incluso a un gran costo

La segunda manera específica en que Juan dice que el amor de Dios se vuelve real en nuestra vida mediante el nuevo nacimiento se encuentra en 1 Juan 3:16-18:

> En esto hemos conocido el amor, en que él puso su vida por nosotros; también nosotros debemos poner nuestras vidas por los hermanos. Pero el que tiene bienes de este mundo y ve a su hermano tener necesidad, y cierra contra él su corazón, ¿cómo mora el amor de Dios en él? Hijitos míos, no amemos de palabra ni de lengua, sino de hecho y en verdad.

Juan dice tres cosas acerca del amor aquí y las especifica cada vez más. En primer lugar, dice que el amor hace cosas prácticas por las personas. Versículo 18: "Hijitos míos, no amemos de palabra ni de lengua, sino de hecho y en verdad". No quiere decir con ello que hablar no sea una manera importante de amar a las personas. La lengua está llena de amor y odio potenciales. Lo que sí quiere decir es que, cuando se necesite ayuda práctica, no te conformes con hablar. Hay que hacer cosas prácticas por los demás.

Luego nos dice algo acerca de la seriedad con la que tenemos que ver esto. Versículo 16: "también nosotros debemos poner nuestras vidas por los hermanos". Cristo nos amó poniendo su vida por nosotros. Cuando nacimos de nuevo, ese amor se convirtió en nuestro amor. En la persona que ha nacido de nuevo, hay un impulso profundo de morir al yo para que los demás vivan. La presencia de Cristo en el que ha nacido de nuevo es la presencia de un corazón de siervo, un espíritu de sacrificio, una disposición a descender para que otros puedan ascender. El amor no quiere prosperar a expensas de los demás. El amor desea que otros prosperen y, si nos cuesta nuestra vida, no importa. Jesús se encargará de nosotros.

Entonces, lo primero que Juan dice es que el amor es práctico y hace bien a los demás. Y lo segundo que dice es que nosotros haremos eso, incluso si es muy costoso: "él puso su vida por nosotros; también nosotros debemos poner nuestras vidas por los hermanos".

En tercer lugar, dice que eso se traducirá en sacrificios muy prácticos para dar a las personas las cosas que necesitan. Versículo 17: "Pero el que tiene bienes de este mundo y ve a su hermano tener necesidad, y cierra contra él su corazón, ¿cómo mora el amor de Dios en él?". Juan piensa sobre todo en que la forma de poner nuestra vida por los demás es compartir lo que tenemos. El amor no piensa posesivamente. El amor sabe que todo pertenece a Dios. Nosotros somos solamente los administradores de sus posesiones. Todo lo que tenemos está a su disposición. Y Dios es amor. Y, cuando nacimos de nuevo, ese amor se convirtió en nuestro amor. Y ahora su amor gobierna las posesiones que nos dio en nuestras manos.

Por lo tanto, seamos primero un pueblo muy práctico que ama en obras y no solo de palabras. Luego seamos un pueblo sacrificial que se niega a sí mismo por el bien de los demás y que pone su vida de la manera en que la puso Cristo. Y, después, seamos un pueblo sumamente generoso con todo lo que tenemos, sabiendo que todo pertenece a Dios y que nosotros le pertenecemos a Él. Somos sus hijos. Tenemos su naturaleza. Y Él es amor.

Que el Señor nos conceda centrarnos de una manera renovada en el amor que Dios manifestó al enviar a su Hijo, y en que su Hijo puso su vida para mostrarnos cómo es el amor del Padre. Y, a medida que nos centremos en las glorias del amor de Dios en Cristo, oremos con fervor para que el nuevo nacimiento se confirme entre nosotros al crear la conexión entre el amor de Dios por nosotros y nuestro amor por los demás.

> *Amados, amémonos unos a otros;*
> *porque el amor es de Dios.*
> *Todo aquel que ama, es nacido de Dios,*
> *y conoce a Dios.*

> 1 Juan 4:7

Parte V

¿Cómo podemos ayudar a otros a nacer de nuevo?

Habiendo purificado vuestras almas por la obediencia a la verdad, mediante el Espíritu, para el amor fraternal no fingido, amaos unos a otros entrañablemente, de corazón puro; siendo renacidos, no de simiente corruptible, sino de incorruptible, por la palabra de Dios que vive y permanece para siempre. Porque: Toda carne es como hierba, y toda la gloria del hombre como flor de la hierba. La hierba se seca, y la flor se cae; mas la palabra del Señor permanece para siempre. Y esta es la palabra que por el evangelio os ha sido anunciada. Desechando, pues, toda malicia, todo engaño, hipocresía, envidias, y todas las detracciones, desead, como niños recién nacidos, la leche espiritual no adulterada, para que por ella crezcáis para salvación, si es que habéis gustado la benignidad del Señor.

1 Pedro 1:22—2:3

14

Comunica a las personas las buenas nuevas de Jesucristo

La verdad bíblica de que la fe salvadora es posible solamente porque Dios hace que los incrédulos nazcan de nuevo (1 Jn. 5:1) puede hacernos sentir capacitados, alentados, audaces y esperanzados en nuestra evangelización personal, o puede hacernos sentir fatalistas, sin propósito, sin motivación y paralizados. Si nos sentimos fatalistas, sin propósito, sin motivo y paralizados en nuestro testimonio a los incrédulos, nuestros sentimientos no están en armonía con la verdad y debemos pedir al Señor que los cambie.

Es así como yo vivo todos los días, procurando alinear mis sentimientos vagabundos con la realidad. Mis sentimientos no son Dios. Dios es Dios. Mis sentimientos no definen la verdad. La Palabra de Dios define la verdad. Mis sentimientos son ecos y respuestas a lo que mi mente percibe. Y a veces, muchas veces, están desfasados con la verdad. Cuando eso sucede (y sucede todos los días en cierta medida), trato de no manipular la verdad para justificar mis sentimientos imperfectos, sino que más bien suplico a Dios: "Purifica mis percepciones de tu verdad y transforma mis sentimientos para que estén en armonía con la verdad". Es así como vivo la vida todos los días. Espero que tú hagas lo mismo en esa batalla.

Si me encuentro desalentado, sin propósito, sin motivo o paralizado en mi testimonio a los incrédulos a causa de alguna verdad bíblica, como el hecho de que la obra de Dios en el nuevo nacimiento precede a la fe salvadora y la hace posible, entonces elevo mi corazón al Señor y digo: "Señor, esa verdad se manifiesta en tu Palabra; concédeme que, por tu Espíritu, yo pueda ver esa verdad de tal manera que me libere, y me dé poder, y me aliente, y me dé gozo y audacia en mi testimonio, y esperanza en mi evangelización".

Es mi oración que crezcas, como yo estoy tratando de crecer, en la sabiduría de cómo aprovechar el poder del Espíritu Santo para eliminar los sentimientos que no están en armonía con la verdad, y cómo recurrir a Dios para que transforme tus sentimientos de manera que sí armonicen con la verdad de su Palabra.

Buenas nuevas, corazón de amor, vida de servicio

Todo aquello es el prefacio de estos dos capítulos finales, cuyo foco está en la evangelización. Siento la carga de contestar la pregunta de cuál es nuestro papel para ayudar a las personas a nacer de nuevo. Por lo que hemos visto en este libro, queda implícita hasta ahora la verdad de que el papel de Dios para que se produzca el nuevo nacimiento es *decisivo*, y que nuestro papel en que se produzca el nuevo nacimiento es *esencial*. Si las cosas son así, ¿qué deberíamos hacer para ayudar a los incrédulos a nacer de nuevo?

La respuesta bíblica no es oscura ni complicada. La respuesta es: Comunicar a las personas las buenas nuevas de Cristo con un corazón de amor y una vida de servicio. Puede verse una vislumbre de esa combinación en 2 Corintios 4:5: "Porque no nos predicamos a nosotros mismos, sino a Jesucristo como Señor, y a nosotros como vuestros siervos por amor de Jesús". Proclamar a Cristo como Señor y ofrecernos como siervos.

Una proclamación de Cristo altanera y condescendiente, sin sentimientos de quebranto ni actitud de servicio, contradice el evangelio. Y el servicio silencioso que nunca habla del evangelio contradice el amor: "Porque no nos predicamos a nosotros mismos, sino a Jesucristo como Señor, y a nosotros como vuestros siervos por amor de Jesús". Eso es lo que hacemos para ayudar a las personas a nacer de nuevo. Les comunicamos las buenas nuevas de Cristo con un corazón de amor y una vida de servicio.

El versículo más importante

Volvemos a 1 Pedro 1:22-25 para ver la conexión entre el nuevo nacimiento y nuestro papel en la proclamación del evangelio de Cristo, con un corazón de amor y una vida de servicio. Hemos visto este texto repetidamente. Sin embargo, esta vez nuestra pregunta es diferente: *¿Qué implica para nuestro testimonio a los incrédulos la realidad del nuevo nacimiento?* Aquí tenemos una perspectiva muy general de lo que hemos visto en este texto (esta vez sin los argumentos).

Versículo 22: "Habiendo purificado vuestras almas por la obediencia a la verdad, mediante el Espíritu, para el amor fraternal no fingido...". La purificación de tu alma en el versículo 22 es lo que sucede en el nuevo nacimiento. La obediencia a la verdad se refiere a la fe en el evangelio. La verdad es el evangelio de Cristo, y la obediencia al evangelio es la fe en Cristo. El amor sincero de los hermanos es el resultado y el fruto del nuevo nacimiento. Por eso Pedro dice: "Ahora que esto les ha sucedido '...amaos unos a otros entrañablemente, de corazón puro'". En otras palabras, puesto que han nacido de nuevo mediante la fe en el evangelio con vistas a una vida de amor transformada, ahora pónganla en práctica. Ámense unos a otros.

Luego, en el versículo 23, él usa el mismo lenguaje del nuevo nacimiento: "siendo renacidos, no de simiente corruptible, sino de incorruptible, por la palabra de Dios que vive y permanece para siempre". Ese probablemente sea el versículo más importante de la Biblia en lo que respecta a la relación entre el nuevo nacimiento y nuestro papel en cómo se produce en otras personas. La declaración clave es: "siendo renacidos… por la palabra de Dios que vive y permanece para siempre".

En otras palabras, la simiente que Dios usa para crear nueva vida en los corazones incrédulos que están espiritualmente muertos es la simiente de la palabra de Dios: "siendo renacidos, no de simiente corruptible, sino de incorruptible, por la palabra de Dios que vive y permanece para siempre". No hay muchos versículos en la Biblia que sean más importantes que ese. Ver las implicaciones de eso cambiará tu vida profundamente.

¿QUÉ ES LA PALABRA DE DIOS?

Para ver las implicaciones, necesitamos asegurarnos de que vemos qué es la palabra de Dios. Hay diversas formas de entender la palabra de Dios. El mundo fue creado por la palabra de Dios (He. 11:3). A Jesús se le llama la Palabra (o "Verbo") de Dios (Jn. 1:1, 14). A los Diez Mandamientos se los llama la palabra de Dios (Mr. 7:13). A las promesas a Israel se las llama la palabra de Dios (Ro. 9:6).

Pero aquí Pedro es muy específico en lo que quiere decir en el versículo 23 con la palabra de Dios a través de la cual nacemos de nuevo. En primer lugar, dice que es viva y que permanece para siempre: "siendo renacidos… por la palabra de Dios que vive y permanece para siempre". La palabra es viva porque tiene el poder divino para dar nueva vida. Y la palabra de Dios permanece para siempre porque, una vez que crea vida, la sostiene eternamente.

Luego Pedro cita a Isaías 40:6-8 en los versículos 24-25 para explicar y respaldar esa afirmación acerca de la palabra de Dios:

"Porque: toda carne es como hierba, y toda la gloria del hombre como flor de la hierba. La hierba se seca, y la flor se cae; mas la palabra del Señor permanece para siempre". La palabra de Dios no es como la hierba y las flores. Estas florecen por un momento y dan gozo que dura un instante. Y luego desaparecen, y la vida que sostuvieron se va. Pero la palabra de Dios no es así. La vida que crea dura para siempre porque la palabra que crea vida y sostiene la vida dura para siempre.

Luego Pedro nos dice exactamente a lo que se refiere con la frase "la palabra de Dios". Él dice en la última parte del versículo 25: "Y esta es la palabra que por el evangelio os ha sido anunciada". Las buenas nuevas que os han sido anunciadas, esa es la simiente incorruptible; esa es la palabra de Dios que vive y permanece para siempre a través de la cual han nacido de nuevo. Por lo tanto, la manera en que Dios produce el nuevo nacimiento en los corazones muertos e incrédulos es mediante el evangelio, las buenas nuevas.

Las mejores noticias del mundo

Y las nuevas son estas: Cristo, el Hijo de Dios, murió en nuestro lugar —se convirtió en nuestro sustituto— para pagar el precio por todos nuestros pecados y lograr la justicia perfecta, soportar y apartar la ira de Dios, y resucitar de entre los muertos triunfante sobre la muerte para nuestra vida eterna y gozo en su presencia. Y todo esto se ofrece gratuitamente mediante la fe en Cristo. Esas son las buenas nuevas. A día de hoy, dos mil años después, siguen siendo las mejores noticias del mundo. Y hay millones (cerca y lejos) que no conocen esas buenas nuevas.

Entonces, esto es lo que queremos decir y es sumamente importante si hay alguien a quien amas (o miles de personas a quienes amas) y deseas verlo nacer de nuevo a una esperanza viva: si las personas han de nacer de nuevo, sucederá escuchando la palabra de Dios centrada en el evangelio de Jesucristo. Nacerán de nuevo por la palabra de Dios que vive y permanece para siempre, el evangelio. La obra de Dios y la suya se unen así:

- Dios causa el nuevo nacimiento mediante la simiente de la palabra, el evangelio.

- Dios produce el nuevo nacimiento a través de la comunicación del evangelio a las personas.

- Dios regenera a los hombres a través de las nuevas sobre quién es Cristo y lo que ha hecho en la cruz y en la resurrección.

- Dios da nueva vida a los corazones muertos a través de sus palabras cuando comunicas el evangelio.

VIDA CON EL EVANGELIO

Volvamos a nuestra pregunta original: *¿Qué deberíamos hacer para ayudar a los incrédulos a nacer de nuevo?* Respuesta: *Comunicarles las buenas nuevas de Cristo con un corazón de amor y una vida de servicio.* Hablaremos más acerca del corazón de amor y la vida de servicio luego. Pero concéntrate aquí un momento en este asombroso hecho: la simiente que salva es la palabra de Dios, el evangelio predicado. La simiente que crea nueva vida es el evangelio en la boca de los creyentes, comunicado a los incrédulos. El instrumento quirúrgico que abre los ojos de los ciegos son tus palabras cuando les comunicas y les explicas el evangelio.

¿Cómo puede esto convertirse no en una convicción, sino en una pasión para nosotros? Es mi oración que Dios use su propia Palabra en este capítulo para despertar esa pasión. Considera más de su Palabra. Santiago 1:18: "Él, de su voluntad, nos hizo nacer por la palabra de verdad...". Ahí está, en palabras de Santiago, el hermano del Señor: "por la palabra de verdad…". Así nos hizo nacer. Y esa referencia es al nuevo nacimiento.

En 1 Pedro 2:9, solo nueve versículos después de nuestro texto en 1:23-25 ("siendo renacidos por la palabra de Dios que vive y permanece para siempre, el evangelio"), dice: "Mas vosotros sois linaje escogido, real sacerdocio, nación santa, pueblo adquirido por Dios, para que anunciéis las virtudes de aquel que os llamó de las tinieblas a su luz admirable".

Dios te sacó de las tinieblas a su luz admirable por la palabra de Dios, el evangelio (1:23, 25). Y ahora que estamos en esta luz admirable, ¿qué hemos de hacer? ¿Por qué estamos aquí? Una razón totalmente esencial, mientras esta era permanece: "para que anunciéis las virtudes de aquel que os llamó de las tinieblas a su luz admirable". Estamos en la luz admirable del amor, el poder y la sabiduría de Cristo para que nuestro gozo en esa luz admirable pueda ser pleno a través de la proclamación de las virtudes del Señor.

¿Por qué? Porque es así como otros nacerán de nuevo: escuchando las buenas nuevas. Y, cuando nacen de nuevo, pasan de las tinieblas a la luz admirable y ven a Cristo por quién es Él, y lo atesoran por quién es Él y, por ende, lo magnifican por quién es Él. Y nuestro gozo se completa en el gozo de ellos en Él.

¿Qué se necesitará hoy?

¿Qué se necesitará para que miles de cristianos en nuestras iglesias se vuelvan apasionados por comunicar el evangelio a los incrédulos? Una de las razones por las que no lo hacemos tanto como debiéramos es que la vida en los Estados Unidos es tan entretenida que pensar en una necesidad desesperada, eterna y espiritual es difícil de sentir y, sobre todo, de comunicar. El mundo, simplemente, es demasiado interesante y entretenido. Esto pone incómodos a los demás cuando uno introduce pensamientos sobre personas que perecen. Es duro. Pero la vida en los Estados Unidos es superficial.

Tal vez Dios decida hacer lo que hizo por la iglesia de Jerusalén. No se estaban movilizando desde Jerusalén hasta Judea, Samaria y lo último de la tierra para evangelizar de la manera en que Jesús les dijo que lo hicieran en Hechos 1:8. Esteban fue levantado para llevar ese irresistible testimonio (Hch. 6:10) de tal manera que la única forma en que sus adversarios pudieron lidiar con él fue matándolo (Hch. 7:60).

Y, cuando lo hicieron, la persecución alcanzó a todos los cristianos de Jerusalén: "En aquel día hubo una gran persecución contra la iglesia que estaba en Jerusalén; y todos fueron esparcidos por las tierras de Judea y de Samaria, salvo los apóstoles" (Hch. 8:1). ¿Y cuál fue el resultado? Hechos 8:4: "Pero los que fueron esparcidos iban por todas partes anunciando el evangelio". Literalmente: "Pero los que fueron esparcidos iban evangelizando con la palabra" (*euangelizomenoi ton logon*, Hch. 8:4-5). No eran predicadores. Eran simplemente personas ordinarias, miles de ellos (Hch. 2:41). Después de haber sido expulsados de sus casas, fueron por todas partes comunicando las buenas nuevas.

¿No es esa una respuesta asombrosa a las persecuciones, el dolor, la pérdida, el exilio y el desamparo? No fueron por todas partes quejándose. No fueron por todas partes cuestionando a Dios. Fueron por todas partes "comunicando las buenas nuevas". Ojalá que amáramos el evangelio tanto y tuviéramos tanta compasión por los perdidos que la tribulación, la angustia, la persecución, el hambre, la desnudez, el peligro, la espada, las armas y el terrorismo no nos convirtieran en quejumbrosos temerosos, sino en heraldos audaces de las buenas nuevas.

Precisamente, cuando fueron perseguidos viajaron por todas partes comunicando las buenas nuevas de Cristo. Quizás el Señor lo haga de esa forma. La verdad es que lo está haciendo así en algunas partes del mundo, y millones están naciendo de nuevo, mediante la comunicación amorosa, audaz y clara del evangelio por parte de cristianos perseguidos.

Desear la palabra de Dios

¿Cómo podemos avanzar hacia esa clase de valentía gozosa? En el último capítulo, hablaremos de algunos ejemplos y métodos concretos. Sin embargo, termino este capítulo contestando de esta forma: avanzaremos hacia una comunicación gozosa y audaz del evangelio cuando leamos los siguientes versículos dentro del contexto de 1 Pedro 1:23-25: "Desechando, pues, toda malicia, todo engaño, hipocresía, envidias, y todas las detracciones, desead, como niños recién nacidos, la leche espiritual no adulterada, para que por ella crezcáis para salvación, si es que habéis gustado la benignidad del Señor" (1 P. 2:1-3).

Esa referencia a "niños recién nacidos" no quiere decir que todos los santos de esa región fueran inmaduros. No lo eran. Pedro no está describiendo a los inmaduros. Está describiendo lo que todas las personas nacidas de nuevo desean, y nos está alentando a desearlo de la manera en que los bebés desean la leche. Y define lo que debemos desear como *no adulterada y espiritual.* La palabra que se traduce por *espiritual (logikon)* significa *espiritual,* no lo contrario de *carnal* ni *mundano,* sino lo contrario de *literal.* La palabra aquí significa *simbólica* y, específicamente, simbólica de la palabra de Dios. La Biblia de las Américas lo traduce correctamente como *la leche pura de la palabra:* "desead… la leche pura de la palabra…" (1 P. 2:2, LBLA).

Lo que queremos decir es esto: Pedro nos acaba de enseñar que nacimos de nuevo por la palabra de Dios que vive y permanece para siempre, el evangelio. Ahora dice: Deseen esto todos los días, así como los bebés desean la leche. Sientan la necesidad de esto todos los días de la manera en que los bebés deben tener leche para crecer en la vida. De lo contrario, morirán. "No solo de pan vivirá el hombre, sino de toda palabra que sale de la boca de Dios" (Mt. 4:4).

Pedro está diciendo: Si te vas a deshacer de la malicia, el engaño, la hipocresía, la envidia y la difamación —si vas a comunicar el evangelio con un corazón de amor y una vida de servicio—, entonces debes sentir hambre y sed de la Palabra de Dios, así como los bebés sienten hambre y sed de leche.

Ebrio de la palabra de Dios

¿Y por qué querría eso? Primera de Pedro 2:3 dice que tendrás ese deseo "si es que ha[s] gustado la benignidad del Señor". Eso es clave a la evangelización personal: ¿Has probado la palabra de Dios —sobre todo el evangelio— de que el Señor es bueno? ¿Lo has degustado? No te estoy preguntando si has pensado en ello, ni te estoy preguntando si has decidido afirmarlo. Te pregunto: ¿Lo has *degustado*? ¿Hay papilas gustativas vivas y espirituales en tu corazón que gustan a Cristo como más deseable que todo lo demás?

Es ahí donde tenemos que tomarnos las cosas en serio. Propagaremos la simiente del poder regenerador todopoderoso de Dios si hemos gustado que el Señor es bueno. El Señor es nuestro deleite. El Señor es nuestro Tesoro. El Señor es nuestra carne, leche, agua y vino. Ese degustar sucede mediante la palabra de Dios. Que Dios suelte nuestra lengua y nos haga comunicadores audaces del evangelio, porque estamos ebrios del vino de la palabra de Dios y de la bondad del Señor.

Por lo cual, teniendo nosotros este ministerio según la misericordia que hemos recibido, no desmayamos. Antes bien renunciamos a lo oculto y vergonzoso, no andando con astucia, ni adulterando la palabra de Dios, sino por la manifestación de la verdad recomendándonos a toda conciencia humana delante de Dios. Pero si nuestro evangelio está aún encubierto, entre los que se pierden está encubierto, en los cuales el dios de este siglo cegó el entendimiento de los incrédulos, para que no les resplandezca la luz del evangelio de la gloria de Cristo, el cual es la imagen de Dios. Porque no nos predicamos a nosotros mismos, sino a Jesucristo como Señor, y a nosotros como vuestros siervos por amor de Jesús. Porque Dios, que mandó que de las tinieblas resplandeciese la luz, es el que resplandeció en nuestros corazones, para iluminación del conocimiento de la gloria de Dios en la faz de Jesucristo. Pero tenemos este tesoro en vasos de barro, para que la excelencia del poder sea de Dios, y no de nosotros.

2 Corintios 4:1-7

15

TE ENVÍO PARA QUE ABRAS SUS OJOS

La parte final de este libro se enfoca en el terreno, en la calle, en el auto, en un café, en el patio, en la escuela, en el trabajo, a la hora del almuerzo, en el teléfono, en Facebook y MySpace, en los mensajes de texto, en Skype, en un blog, en aviones y en cientos de conversaciones cotidianas. Concluimos con evangelización personal, un compromiso tradicional en nuevos contextos, por el bien del nuevo nacimiento en miles de personas que están espiritualmente muertas para la gloria de Jesucristo.

Hemos afirmado repetidas veces la verdad bíblica de 1 Pedro 1:23: "Siendo renacidos… por la palabra de Dios que vive y permanece para siempre", seguida de la explicación del versículo 25: "Y esta es la palabra que por el evangelio os ha sido anunciada". En otras palabras, Dios produce el nuevo nacimiento a través del evangelio, las buenas nuevas de que envió a su Hijo al mundo a vivir una vida perfecta, a morir por los pecadores, a absorber la ira de Dios, a cargar con nuestra culpa, a proporcionar el regalo de la justicia y a dar gozo eterno en Cristo por la fe sola, sin las obras de la ley.

Las personas nacen de nuevo cuando escuchan esas buenas nuevas, y nunca sin ellas: "Así que la fe es por el oír, y el oír, por la palabra de Dios" (Ro. 10:17). Entonces, cuando nos preguntan *¿qué debemos hacer para ayudar a las personas a nacer de nuevo?*, la respuesta bíblica es sencilla: comunicar a otros las buenas nuevas con un corazón de amor y una vida de servicio.

En este último capítulo, el objetivo es subrayar ese punto principal con un par de textos nuevos y luego proporcionar aliento y ofrecer ayuda práctica.

Dios hace que la luz brille en nuestro corazón

Segunda de Corintios 4:4 señala la condición de las personas que no tienen a Cristo. Versículo 4: "en los cuales el dios de este siglo cegó el entendimiento de los incrédulos, para que no les resplandezca la luz del evangelio de la gloria de Cristo, el cual es la imagen de Dios". Aquellos que no creen en Cristo están ciegos. No lo pueden ver como una persona supremamente valiosa, no lo reciben como Tesoro y, por tanto, no son salvos. Se necesita la obra de Dios en ellos para abrirles los ojos y darles vida de manera que puedan ver y recibir a Cristo como Salvador, Señor y Tesoro. Esa obra de Dios se llama el nuevo nacimiento.

Veamos, pues, la solución a esta condición de ceguera y muerte. Versículo 6: "Porque Dios, que mandó que de las tinieblas resplandeciese la luz, es el que resplandeció en nuestros corazones, para iluminación del conocimiento de la gloria de Dios en la faz de Jesucristo". Esa es una descripción del nuevo nacimiento, a pesar de que ese término no se usa. El Dios que creó la luz en el principio hace lo mismo en el corazón humano. Solo que esta vez, la luz no es física, sino la "iluminación del conocimiento de la gloria de Dios en la faz de Jesucristo". O, como lo dice el versículo 4: "la luz del evangelio de la gloria de Cristo, el cual es la imagen de Dios".

Él hace que el corazón humano vea la verdad, la belleza y la valía de Cristo: la gloria de Cristo. Y cuando vemos cómo es Él

188

realmente, lo recibimos por quién es: "Mas a todos los que le recibieron... les dio potestad de ser hechos hijos de Dios" (Jn. 1:12). Eso es lo que queremos para nuestros hijos —a los seis, dieciséis o veintiséis años— y para nuestros padres, cónyuge, vecinos, colegas y amigos de la escuela. Queremos que la luz brille en sus corazones para que vean y reciban a Cristo. Queremos que nazcan de nuevo.

Dios te envía para abrirles los ojos

Fíjate en los medios humanos que Dios usa para que eso suceda. Segunda de Corintios 4:5: "Porque no nos predicamos a nosotros mismos, sino a Jesucristo como Señor, y a nosotros como vuestros siervos por amor de Jesús". La misión de Pablo era proclamar a Cristo con un corazón de amor y una vida de servicio. A esa proclamación se la llama *el evangelio* en el versículo 3: "Pero si nuestro evangelio está aún encubierto, entre los que se pierden está encubierto". Es el evangelio que las personas espiritualmente ciegas no pueden ver, y las que están espiritualmente sordas no pueden oír. De manera que nuestra respuesta a la pregunta *¿Qué debemos hacer para ayudar a las personas a nacer de nuevo?* es: comunicarles las buenas nuevas de Cristo con un corazón de amor y una vida de servicio.

Aquí tenemos una imagen asombrosa del agente humano en el nuevo nacimiento. En Hechos 26, Pablo le habla al rey Agripa sobre su conversión y su llamamiento al ministerio. Le informa de su espectacular encuentro con Cristo en el camino a Damasco. Luego comparte con él la comisión que el Señor le dio. Las palabras de la comisión son asombrosas. Pablo dice que Jesús le dijo:

> Yo soy Jesús, a quien tú persigues. Pero levántate, y ponte sobre tus pies; porque para esto he aparecido a ti, para ponerte por ministro y testigo de las cosas que has visto, y de aquellas en que me apareceré a ti, librándote de tu pueblo, y de los gentiles, a quienes ahora te envío, para que

> abras sus ojos, para que se conviertan de las tinieblas a la
> luz, y de la potestad de Satanás a Dios; para que reciban,
> por la fe que es en mí, perdón de pecados y herencia entre
> los santificados (Hch. 26:15-18).

Esa comisión es asombrosa sobre lo que implica el papel de los seres humanos en la obra milagrosa del nuevo nacimiento. Jesús dice a Pablo: "Te envío para que abras sus ojos". Y fíjate lo que hay en juego en la misión: "para que se conviertan de las tinieblas a la luz, y de la potestad de Satanás a Dios; para que reciban, por la fe que es en mí, perdón de pecados y herencia entre los santificados".

Conforme a 2 Corintios 4, las personas están espiritualmente ciegas hasta que Dios les da ojos para ver, es decir, hasta que los hace nacer de nuevo. Y, en Hechos 26, Jesús dice en el versículo 18: "Te envío para que abras sus ojos". El propósito no es difícil de ver. Dios abre los ojos de los ciegos para que vean la verdad, la belleza y la valía de Cristo. Y lo hace enviando a su pueblo a comunicar las buenas nuevas con corazones de amor y vidas de servicio.

Por esto oro cada vez más: "Señor, llena tu Iglesia de pasión para abrir los ojos de los ciegos. Llénanos de pasión por hacer lo que Dios promete hacer convirtiéndonos en un medio para producir el nuevo nacimiento". Yo te lo digo de la manera en que Jesús se lo dijo a Pablo: Ve y ábreles los ojos.

No te detengas porque no lo puedas hacer. Por supuesto que no puedes. Solo Dios puede abrir los ojos de los ciegos (2 Co. 4:6). Sin embargo, el hecho de que no puedas producir electricidad ni crear luz no te impide accionar los interruptores. El hecho de que no puedas crear fuego en los cilindros no te impide darle la vuelta a la llave del auto. El hecho de que no puedas crear tejido celular no te impide comerte la comida. Entonces, no permitas que el hecho de que no puedas causar el nuevo nacimiento te impida comunicar el evangelio. Es así como las personas nacen de nuevo: a través de la palabra viva que permanece para siempre, las buenas nuevas de Jesucristo.

Diez exhortaciones para comunicar el evangelio

A continuación te haré algunas exhortaciones que espero te sean de utilidad.

1. *Debes saber esto: Dios usa vasijas de barro*

Si volvemos al contexto de 2 Corintios 4:4-6, vemos que el siguiente versículo es muy importante. Generalmente, no lo leemos en su contexto. El versículo 6 acaba de decir que Dios, quien creó la luz en el universo, hace lo mismo en los corazones de los pecadores ciegos como nosotros. Dios da la "iluminación del conocimiento de la gloria de Dios en la faz de Jesucristo". En el versículo 4, esa luz se llama "la luz del evangelio de la gloria de Cristo". Ese es el contexto. Y aquí tenemos el versículo 7: "Pero tenemos este tesoro en vasos de barro, para que la excelencia del poder sea de Dios, y no de nosotros". Tenemos "este tesoro". ¿Cuál tesoro? "El conocimiento de la gloria de Dios en la faz de Jesucristo". O la "la luz del evangelio de la gloria de Cristo". En resumen: tenemos el evangelio con su poder que ilumina.

Y la exhortación es esta: "Tenemos este tesoro en vasos de barro". Los vasos de barro es una referencia a nosotros. Nosotros somos los vasos de barro. Comparados con el tesoro que está en nosotros, somos barro. No somos oro. El evangelio es oro. No somos plata. Las nuevas sobre Cristo son plata. No somos bronce. El poder de Cristo es bronce. Eso significa que si te sientes como una persona promedio o por debajo del promedio en tu capacidad de compartir el tesoro del evangelio, estás más cerca de la verdad que alguien que se sienta potente, sabio y autosuficiente.

Pablo quiere que nos demos cuenta de que somos vasijas de barro. No somos oro, ni plata ni bronce. Quiere que nos demos cuenta de que desde el más sofisticado hasta el más común, todos somos vasijas de barro cuando se trata de contener y compartir el evangelio. Es tan valioso y tan potente que todo pensamiento de que su recipiente sea algo comparable es necio.

¿Cómo habla Pablo de sí mismo y de Apolos, dos de los cristianos más fructíferos del siglo I? "¿Qué, pues, es Pablo, y qué es Apolos? Servidores por medio de los cuales habéis creído; y eso según lo que a cada uno concedió el Señor. Yo planté, Apolos regó; pero el crecimiento lo ha dado Dios. Así que ni el que planta es algo, ni el que riega, sino Dios, que da el crecimiento" (1 Co. 3:5-7).

¿Qué quiere decir que somos una vasija de barro? Volvamos a 2 Corintios 4:7: "Pero tenemos este tesoro en vasos de barro, para que la excelencia del poder sea de Dios, y no de nosotros". El objetivo de Dios es exaltar su propio poder a través del evangelio, no el nuestro. Eso significa que si te sientes como una persona promedio, o menos que el promedio, en tu capacidad de comunicar el evangelio, eres la persona que Dios está buscando: una vasija de barro que simplemente comparte el tesoro del evangelio, no un intelecto ostentoso, no una elocuencia ostentosa, no la belleza ostentosa, ni la fortaleza ni la astucia cultural. Así Dios hará su obra a través del evangelio, y el poder incomparable le pertenecerá a Él y no a nosotros.

Anímate, cristiano ordinario. A ti se te designa, precisamente en tu condición ordinaria, para la obra más grandiosa del mundo: abrir los ojos de los ciegos y mostrar el Tesoro de Cristo.

2. *Obtén recursos para compartir*

Regalar buena literatura cristiana es una forma de ampliar tu testimonio personal acerca del evangelio. En nuestra página web www.desiringGod.org/languages/spanish, tratamos de poner a la disposición de todos mensajes y artículos evangelizadores. Hay materiales disponibles en español que son muy útiles.

La cuestión es que pienses de esta manera: *Siempre que pueda, deseo elogiar a Cristo.* Quiero contar la historia que Dios usa para dar vida a los hombres. Ponte algo en el bolsillo, la cartera, el maletín o el auto. Y ora todos los días: "Señor, hazme instrumento para propagar el evangelio hoy. Úsame para abrir los ojos de los ciegos".

3. *Entiende que Dios puede usar muchas influencias*

Ten en cuenta que lo que dices a alguien sobre Jesús puede ser complementado por media docena de personas que Dios podría estar coordinando de manera providencial para hablar a esa persona, a medida que Él la busca para salvarla. Tal vez creas que tus palabras se han desperdiciado. Nunca se desperdician (1 Co. 15:58). Tus palabras podrían ser el principio de las influencias. O podrían ser la palabra final y decisiva que Dios use para llevar una persona a la fe. Habla. Las palabras más insignificantes acerca de Cristo no se desperdician.

Una joven que asistía a nuestra iglesia contó la historia de cómo Cristo la salvó. Dijo que sabía un poco sobre el cristianismo gracias a sus padres, pero que lo había desechado totalmente cuando era adolescente y andaba por su cuenta. Un día, ella y sus amigas caminaban por la playa cuando varios chicos atractivos se les acercaron. Ella pensó en impresionarlos y en que la consideraran atractiva y moderna. Cuando los chicos pasaron por su lado, uno de ellos gritó: "¡Alabado sea Cristo!".

Probablemente después, esa misma noche, aquellos chicos se dijeron a sí mismos: "Ese fue un testimonio muy flojo. ¿Por qué no nos detuvimos a conversar?". Lo que menos se imaginaban ellos es que esa simple expresión, "¡Alabado sea Cristo!", le llegó al corazón, y la llevó a ponerse de rodillas y entregarse al Salvador. No hay testimonio desperdiciado.

4. *Sé un dador generoso*

Que otros lo conozcan como una persona generosa, no mezquina. Jesús dijo: "prestad, no esperando de ello nada…" (Lc. 6:35). Esto lo digo en general, abarcando todo lo que posees. Las personas mezquinas hacen que Jesús parezca que no es importante y que no satisface. Lo que quiero decir más específicamente es que seas generoso cuando des buenos libros, si conoces a incrédulos a quienes les guste leer. Regala un libro cristiano por el que tengas que pagar una suma importante. Ofrécelo como regalo y diles lo que significó para ti. Diles también que te encantaría hablar del libro en algún momento. Si no conoces a la persona, pídele permiso para darle un libro que significó mucho para ti.

Eso es lo que yo hago normalmente en los aviones. A veces me resulta fácil iniciar conversaciones sobre Cristo porque soy pastor. Otras veces no es fácil. Pero, en cualquier caso, muchas veces digo: "Escribí un libro que me encantaría regalarte. ¿Te puedo regalar uno?". Las personas casi nunca dicen que no. Siempre llevo diferentes libros en mi maletín para regalarlos. También tengo algunos en un cajón junto a la puerta principal de casa, por si tengo la oportunidad de darle uno a alguien en la entrada. Elige unos cuantos libros cortos que hayas leído que te hayan ayudado en tu fe y tenlos en lugares clave. Acostúmbrate a pensar de esta manera: *¿Cómo puedo elogiar a Cristo hoy?* Sé generoso al dar.

Y, por supuesto, regala la Biblia. Hace poco abrí la biografía de Henry Martyn, un misionero, y leí lo siguiente acerca del autor, B. V. Henry: "Henry creyó en Cristo a la edad de diecisiete años después de leer un Nuevo Testamento que le regaló una señora mayor".[1] Sé generoso cuando regales Biblias o porciones de ella.

---

1. B. V. Henry, *Forsaking All for Christ: A Biography of Henry Martyn* (Londres: Chapter Two, 2003), 167.

5. *Considera que las personas son interesantes*

Anímate pensando que el solo hecho de considerar interesantes a las personas y de preocuparte por ellas es una senda hermosa que te puede llevar hasta su corazón. La evangelización tiene mala reputación cuando no estamos realmente interesados en las personas, y no parece que nos importen. Las personas son en verdad interesantes. Cada una con la que hablamos es una creación asombrosa de Dios con miles de experiencias interesantes. Recuerda las palabras de C. S. Lewis:

> Vivir en una sociedad de posibles dioses y diosas es cosa seria, nos recuerda que la persona más insípida y menos interesante con la que hables podría ser un día una criatura a la cual, si la vieras ahora, se vería muy tentado a adorar, o por el contrario, podría ser tan horrorosa y corrupta como una pesadilla. Hasta cierto punto, todo el día nos ayudamos mutuamente a llegar a uno de esos destinos. Es a la luz de esas abrumadoras posibilidades, con el asombro y el miramiento propios de ellas, que debemos tratar con los demás, con las amistades, los amores, los juegos y la política. No hay personas ordinarias. Nunca has hablado con un simple mortal.[2]

Y, sin embargo, la mayoría de nosotros no piensa así. Los dioses nos aburren y volvemos a los videojuegos. Muy pocas personas se interesan en los demás. Si consideras de verdad que su historia es interesante, y te preocupas por ellos, tal vez se muestren abiertos y deseen escuchar tu historia, la historia de Cristo.

---

2. C. S. Lewis, *The Weight of Glory* [*El peso de la gloria*], (Grand Rapids, MI: Eerdmans, 1949), 14-15. Publicado en español por HarperCollins Español, 2016.

6. *Invita a otros a la iglesia*

Invita a la iglesia a las personas con las que te relacionas, incluso antes de que sean cristianos. Parte de lo extraño que es ser cristiano se puede vencer cuando las personas se familiarizan con la manera en que cantamos, hablamos y nos relacionamos unos con otros en la iglesia. Y la predicación de la Palabra de Dios tiene un poder singular. Cada tipo de oratoria es única de alguna forma. La predicación no es la única manera de comunicar ni la principal, pero Dios la ha designado para que tenga una eficacia especial: "Pues ya que en la sabiduría de Dios, el mundo no conoció a Dios mediante la sabiduría, agradó a Dios salvar a los creyentes *por la locura de la predicación*" (1 Co. 1:21). O si no, en la actualidad, con la disponibilidad de la Internet, si se muestran renuentes a ir a la iglesia, invítalos a un sitio web donde puedan mirar o escuchar a su pastor o a otros maestros.

7. *Llena la ciudad de la enseñanza del evangelio*

Cuando los apóstoles fueron llevados a juicio en Jerusalén, el sumo sacerdote dijo: "Y ahora habéis llenado a Jerusalén de vuestra doctrina..." (Hch. 5:28). Ese es mi sueño en lo que respecta a las iglesias de mi ciudad. Si todos los cristianos estuvieran hablando de Cristo, repartiendo literatura sobre Cristo, enviando mensajes electrónicos sobre Cristo, invitando a las personas a la iglesia para Cristo y siendo generosos con los demás por Cristo, entonces tal vez alguien podría decir: "Esos cristianos han llenado la ciudad de su doctrina". Ojalá que así sea.

8. *Usa tus dones*

Anímate pensando que todos tenemos diferentes dones y no debemos tratar de imitar a nadie. Todos los cristianos deben ser siervos (Gá. 5:13), pero algunos tienen el don de servicio (Ro.

12:7). Todos los cristianos deben ser misericordiosos (Lc. 6:36), pero algunos tienen el don de la misericordia (Ro. 12:8). Todos los cristianos deben hablar a los demás de Cristo (1 P. 2:9), pero algunos tienen el don de la profecía, y la exhortación y la enseñanza (Ro. 12:7).

La idea es: estamos juntos en esto, pero algunos tienen un don, y otros tienen otro don. Averigua dónde encajas y aviva las llamas de tu eficacia ahí. Crece en todas las áreas, pero no te paralices porque no seas como alguien a quien conoces. Dios te creó a ti y quiere usarte a ti, que eres único, en la evangelización.

9. *Lee libros sobre evangelización*

Por supuesto, hay docenas de libros buenos. Lo que deseo es sencillamente animarte a pensar de esa forma, inculcarte el deseo de ser instruido e inspirado por lo que otros han escrito sobre la evangelización personal.[3]

10. *Ora pidiendo audacia*

Es extraordinario notar que la mayoría de las oraciones que tienen que ver con la evangelización en el Nuevo Testamento se relacionan con peticiones por los que comunican el evangelio, no por los que lo escuchan. Romanos 10:1 es una excepción: "Hermanos, ciertamente el anhelo de mi corazón, y mi oración a Dios por Israel, es para salvación". Sin embargo, la mayoría de las veces leemos cosas así: "Por lo demás, hermanos, orad por nosotros, para que la palabra del Señor corra y sea glorificada, así como lo fue entre vosotros" (2 Ts. 3:1). "Orando también al mismo tiempo por nosotros, para que el Señor nos abra puerta para la

---

3. Randy Newman, *Evangelice como Jesús* (Grand Rapids: Portavoz, 2008); J. Oswald Sanders, *¿Están perdidos?* (Grand Rapids: Portavoz, 1992); Henry Bryant, *¿Simplemente religioso o cristiano de verdad?* (Grand Rapids: Portavoz, 1990); John Piper, *Dios es el evangelio* (Grand Rapids: Portavoz, 2007).

palabra, a fin de dar a conocer el misterio de Cristo…" (Col. 4:3). "Orando en todo tiempo con toda oración y súplica… por mí, a fin de que al abrir mi boca me sea dada palabra para dar a conocer con denuedo el misterio del evangelio" (Ef. 6:18-19).

Ora por ti, por tu familia, por tu iglesia y por tus pastores de esa forma. Es asombroso y alentador ver que el apóstol Pablo sentía la necesidad de pedir a las iglesias que oraran por su audacia. Si Pablo necesitaba esas oraciones, ¡cuánto más las necesitamos tú y yo!

Comunica la palabra de Dios con denuedo

Que Hechos 4:31 sea tu sueño y oración por la Iglesia de Cristo: "Cuando hubieron orado, el lugar en que estaban congregados tembló; y todos fueron llenos del Espíritu Santo, y hablaban con denuedo la palabra de Dios". Si Dios tiene misericordia de nosotros y derrama el Espíritu Santo de esa manera en su Iglesia, nuestros ojos se iluminarán de un gozo audaz, y nuestra boca se abrirá para comunicar la historia del evangelio. Llegaremos a ser personas que lucen y suenan como los que han escuchado las mejores noticias del mundo, lo cual es así. Fue así como nacimos de nuevo. Y es así como otros nacerán de nuevo.

Siendo renacidos… por la palabra de Dios
que vive y permanece para siempre…
Y esta es la palabra que por el evangelio
os ha sido anunciada.

1 Pedro 1:23-25

CONCLUSIÓN

EL NUEVO NACIMIENTO Y EL NUEVO MUNDO

Las palabras de Jesús "Os es necesario nacer de nuevo" (Jn. 3:7) tocan el centro mismo de los problemas mundiales. No habrá paz definitiva, ni justicia definitiva, ni triunfo sobre el odio, el egoísmo y el racismo sin ese cambio profundo en la naturaleza humana.

Todos los demás diagnósticos y remedios son superficiales. Puede que hasta sean valiosos, como las leyes que restringen a las personas para que no hagan lo peor de lo que son capaces. Pero, sin el nuevo nacimiento, nadie cambia de raíz, y ahí es donde está el problema. Si los seres humanos no cambian de raíz, entonces nuestro egoísmo innato echará a perder todos los sueños.

El remedio de Jesús encaja en las profundidades de nuestro trastorno. Si tan solo hiciéramos cosas malas por causa de las malas circunstancias, entonces podría haber una esperanza de que cambiando las circunstancias cambiaría nuestra conducta. Sin embargo, nuestro problema no es sencillamente que hacemos cosas malas, como difamar a los demás, hacer trampa en privado, descuidar nuestras responsabilidades, rechazar a los que son di-ferentes, hacer un trabajo de muy mala calidad, torcer la verdad, gratificar nuestros deseos a expensas de los demás, ignorar a los pobres y no tener consideración alguna por nuestro Hacedor.

Nuestro problema es que lo que hacemos deriva de quiénes somos: "¿Acaso se recogen uvas de los espinos, o higos de los abrojos? Así, todo buen árbol da buenos frutos, pero el árbol malo da frutos malos" (Mt. 7:16-17). "Porque de la abundancia del corazón habla la boca" (Mt. 12:34). Esa es la explicación de Jesús de por qué los seres humanos producen frutos malos. No se trata de que haya habido una sequía. No, el árbol está muerto. El remedio radical de Jesús nunca tendrá sentido hasta que asumamos la responsabilidad de su diagnóstico sobre nuestra condición. El corazón humano es egoísta por naturaleza. Jesús no tenía ideas románticas sobre lo mejor del hombre. Amaba a sus discípulos. Sabía que eran padres amorosos. Pero los llamó sencillamente malos: "Pues si vosotros, siendo malos, sabéis dar buenas dádivas a vuestros hijos…" (Mt. 7:11). Estuvo de acuerdo con el profeta Jeremías: "Engañoso es el corazón más que todas las cosas, y perverso; ¿quién lo conocerá?" (Jer. 17:9).

Jesús hubiera aprobado la penetrante descripción del apóstol Pablo de los niveles de nuestra corrupción. Los seres humanos sufren "en la vanidad de su mente, teniendo el entendimiento entenebrecido, ajenos de la vida de Dios por la ignorancia que en ellos hay, por la dureza de su corazón" (Ef. 4:17-18). En el fondo de nuestra voluntad, en la raíz, en el comienzo, somos duros. No hay excepciones, "porque no se justificará delante de ti ningún ser humano" (Sal. 143:2).

El remedio de Jesús para esto fue y es: "Os es necesario nacer de nuevo" (Jn. 3:7). Él hizo todo lo necesario para que fuera posible. Vivió una vida sin pecado. Murió por nuestros pecados. Soportó la ira de Dios en nuestro lugar. Pagó la pena por nuestras transgresiones. Compró la vida eterna. Obtuvo todas las promesas de Dios. Resucitó de entre los muertos. Venció la muerte, el infierno y a Satanás. Reina a la derecha de Dios e intercede por nosotros. Volverá de nuevo para que "su bendición llegue hasta donde está la maldición". Hizo todo eso para que el regalo del nuevo nacimiento fuera posible. Todas esas bendiciones están aseguradas para los que han nacido de nuevo.

La conexión entre esas bendiciones y nosotros es el nuevo nacimiento. Ese es el remedio de raíz para nuestra depravación. La renovación personal, social y global no será posible sin ese cambio, que es el más fundamental de todos. Es la raíz de todo cambio verdadero y duradero.

Alguien podría decir: "Yo conozco personas religiosas (cristianos, judíos, musulmanes, hindúes, budistas, sectarios) que se comportan como víboras. Ellos no forman parte de la renovación". Jesús también los conocía, pero no dedujo por ello que el nuevo nacimiento no diera resultado. Infiere que son hipócritas: "limpiáis lo de fuera del vaso y del plato, pero por dentro estáis llenos de robo y de injusticia" (Mt. 23:25); "sois semejantes a sepulcros blanqueados, que por fuera, a la verdad, se muestran hermosos, mas por dentro están llenos de huesos de muertos..." (Mt. 23:27).

Los hipócritas religiosos no fueron ninguna sorpresa para Jesús. Él preparó sus más duras palabras para ellos. Ellos no contradicen el nuevo nacimiento. Lo confirman. ¿Qué podría cambiar una "generación de víboras" (Mt. 12:34)? Lo que las víboras necesitan no es reformarse. Necesitan regenerarse. El fraude religioso no hace que el nuevo nacimiento sea un disparate; lo hace necesario.

De manera que si el dolor que hay en tu corazón es por tu propio cambio personal, cambio en tu matrimonio, cambio en tus hijos pródigos, en tu iglesia, en las estructuras sistémicas de la injusticia, en el sistema político, en las hostilidades entre las naciones, en la degradación humana del medio ambiente, en lo lascivo de nuestra cultura del entretenimiento, en las tristezas de los pobres, en la opulencia endurecida de los ricos, en las desigualdades de oportunidades educativas, en las actitudes arrogantes del etnocentrismo, o en un centenar de áreas de la necesidad humana causada por alguna forma de codicia, si hay dolor en tu corazón por cualquiera de esas cosas, entonces debes preocuparte infinitamente por el nuevo nacimiento.

Hay otras formas de moldear la cultura y guiar la conducta, pero ninguna es tan profunda. Ninguna llega tan lejos. Ninguna es tan pertinente a nivel universal. Ninguna es tan significativa desde el punto de vista eterno.

Un día, cuando el Señor Jesucristo regrese, el mundo será hecho nuevo. El reino de Dios vendrá plenamente. El mismo Jesús será el único gran Tesoro que satisfaga en esa tierra nueva y hermosa. Pero no todo el mundo lo va a disfrutar: "De cierto, de cierto te digo, que el que no naciere de nuevo, no puede ver el reino de Dios" (Jn. 3:3). Jesús es el camino, la verdad y la vida (Jn. 14:6). No tenemos vida hasta que acudimos a Él. Ni ahora, ni nunca. Dios da vida eterna, y esa vida está en su Hijo (1 Jn. 5:11). El que tiene al Hijo tiene la vida (1 Jn. 5:12). Su palabra es confiable: "Y no queréis venir a mí para que tengáis vida" (Jn. 5:40). Si vas a Él, por fin estarás vivo de forma verdadera e insuperable.

Índice de las Escrituras

3:5. . . . . .35, 37, 40,
           41, 53, 102,
           114, 115
3:6. . . . . . . .35, 40, 46,
           57, 128
3:7. . . . . . .2, 11, 23, 25,
           33, 39, 52, 69,
           199, 200
3:7-8 9
3:8. . . . . 11, 35, 37, 42
3:10. 43
3:15. 42
3:16. 42
3:18. 42
3:19-20 . . . . .56, 62
3:36. . . . . 29, 37, 76
4:20-21 145
5:23. 78
5:24 154
5:40. 202
6:35. 36
6:37. . . . . 22, 58-59
6:44 . . . .22, 58, 59, 62
6:51. 77
6:63 . . . .36, 40, 37, 53,
           102,
6:65 . . . . .59, 62
10:28. 54
11:43. . . . . . . 74, 87, 93
14:6. . .36, 40, 102, 202
14:15. 144
15:1-17 36
17:3. 69
17:24. 111
20:31. . . . . . . 36, 37, 41

Hechos
1:8. 182
2:41. 182
4:31. 198
5:28 196
5:31. 129
6:10. 182

7:60. 182
8:1. 182
8:4. 182
8:4-5 182
13:48. 129
15 117
15:9. 117
16:14. . . . . .22, 129
16:31. . . . . . . 113, 118
18:27. 129
26:15-18 189-190
26:18. 190

Romanos
1:16. 129
1:18. 56
1:21. 90
1:24 90
1:26 90
1:28 90
5:1. 68
5:5. 164
6:6 45
6:11. 45
6:17. 62
6:20-21 67
6:23 67
7:4-6 67
7:18. . . . . .64, 65
8:1. 67
8:3. . . . . .90, 165
8:7-8 . . . . 57, 62
8:9. 57
8:15. 23
8:20-23 98-99
8:23. 99
8:28 94
8:29. 156
8:30. 22
8:33-34 150
9:6. 178
10:1. 197
10:17. . . . 117, 124, 188

12:7. 196-197
12:8. 197
13:13-14 13
15:16. 67

1 Corintios
1:2. 67
1:21. 196
1:22-24 93
2:14. . . . . . . 57-58, 62
3:5-7 192
12:3. . . . . .58, 62
13:12. 20
15:1-2 113
15:1-5 123
15:2. 124
15:11. 124
15:58. 193

2 Corintios
4 190
4:1-7 186
4:3. 189
4:4. . . . . . .31, 148, 188
4:4-6. . . . . . . .129, 191
4:5. . . . . . 176-177, 189
4:6. . .22, 148, 188, 190
4:7. . . . . .192, 192
5:17. . . . . .22, 67
5:21. 67

Gálatas
2:17. 67
3:2. 124
3:5. 124
3:13. . . . . .90, 165
5:6. . . . . 67, 68, 114
5:13. 196

Efesios
1:13. 114
2:1-2 . . . . . . 54, 62, 63,
2:1-5 52-53

DESIRING GOD:
Una nota sobre los recursos

Si deseas profundizar en la visión de Dios y en la vida que se presenta en este libro, en Desiring God estaremos encantados de servirte. Tenemos cientos de recursos para ayudarte a madurar en su pasión por Jesucristo y extender esta pasión a los demás.

En nuestra página web, desiringGod.org, encontrarás casi todo lo que John Piper ha escrito y predicado, incluidos más de treinta libros. Hemos puesto a tu disposición sus más de veinticinco años de sermones totalmente gratis en línea, para que los leas, los escuches, los descargues y, en algunas ocasiones, los veas en línea.

Además, tendrás acceso a cientos de artículos, podrás escuchar nuestro programa de radio diario, saber dónde está hablando John Piper, saber sobre sus conferencias, descubrir el trabajo que ha realizado con niños y navegar por nuestra tienda en línea.

John Piper no cobra nada por derechos de autor ni recibe compensación alguna por parte de Desiring God. Todos los fondos se reinvierten en nuestros esfuerzos para extender el evangelio. Desiring God tiene una política de "paga lo que te puedas permitir", diseñada para individuos con ingresos limitados. Si deseas más información sobre esta política, contacta con nosotros en la dirección y número de teléfono abajo indicados.

Existimos para ayudarte a valorar a Jesucristo y su evangelio por encima de todas las cosas, porque Él se glorifica más en ti cuando te sientes más satisfecho en Él. ¡Permítenos saber cómo podemos servirte!

Desiring God
Post Office Box 2901
Minneapolis, Minnesota 55402
USA

Teléfono: 888.346.4700
Correo electrónico: mail@desiringGod.org
En la red: www.desiringGod.org

EDITORIAL PORTAVOZ

NUESTRA VISIÓN

Maximizar el efecto de recursos cristianos de calidad que transforman vidas.

NUESTRA MISIÓN

Desarrollar y distribuir productos de calidad —con integridad y excelencia—, desde una perspectiva bíblica y confiable, que animen a las personas a conocer y servir a Jesucristo.

NUESTROS VALORES

Nuestros valores se encuentran fundamentados en la Biblia, fuente de toda verdad para hoy y para siempre. Nosotros ponemos en práctica estas verdades bíblicas como fundamento para las decisiones, normas y productos de nuestra compañía.

Valoramos la excelencia y la calidad
Valoramos la integridad y la confianza
Valoramos el mérito y la dignidad de los individuos y las relaciones
Valoramos el servicio
Valoramos la administración de los recursos

Para más información acerca de nuestra editorial y los productos que publicamos visite nuestra página en la red: www.portavoz.com